MANUEL DES JURÉS

OU

ESSAI SUR LA PREUVE

EN MATIÈRE CRIMINELLE,

Suivi du recueil complet des lois et actes du gouvernement, relatifs à l'institution des Jurés et à leurs fonctions.

PAR CHANIN, *défenseur-officieux près le tribunal de cassation.*

Humani nihil à me alienum puto.
TEREN.

DEUXIEME ÉDITION.

A PARIS,
DE L'IMPRIMERIE DES TRIBUNAUX.
AN IX.

INTRODUCTION

ET

DESSEIN DE L'OUVRAGE.

IL n'est point dans l'état de pouvoir plus redoutable que celui d'infliger les peines. Le gouvernement, s'il est oppresseur, trouve, soit dans les limites que la constitution lui a tracées, soit dans la résistance générale, le frein qui réprime ou qui punit ses écarts. Telle est au contraire la nature du pouvoir judiciaire, que la rapidité de son action ne doit être entravée par aucun obstacle; il dispose souverainement et sans efforts de tout ce que les citoyens ont de plus cher et de plus sacré, de leur vie, de leur honneur, de leur liberté. La tentative même de la résistance contre les actes qui en émanent serait un crime, parce qu'ils sont ou ne doivent être autre chose que le vœu impératif de la loi qui est égale pour tous.

Plus ce pouvoir est immense, plus la législation a dû prendre de précautions pour en écarter les dangers et les inconvénients qui sont en quelque sorte inséparables de toute institution humaine.

D'une part, le code précise tous les actes qui peuvent être soumis à l'action du pouvoir judiciaire; il fixe en même temps la mesure des peines: de l'autre, il établit des formes invariables pour la poursuite des délits, et il détermine la nature des preuves nécessaires pour la conviction.

Considérée sous ce double rapport, on peut dire que la législation criminelle est le principal fondement sur lequel repose toute l'économie du système social.

Si le code pénal d'une nation présente á l'observateur attentif le tableau fidèle de sa civilisation et de sa morale publique, les formes de jugement qu'il emploie donnent aussi la juste mesure de sa liberté civile, ce premier attribut de l'espèce humaine, partout où la dignité de l'homme n'a point encore été avilie : qu'importerait en effet sa liberté politique, c'est-à-dire le plus ou moins de part qu'on laisse au peuple dans la confection de ses lois, si sa liberté civile, celle qui doit mettre la sûreté personnelle et l'honneur de l'individu à l'abri de toute atteinte, pouvait être facilement et impunément violée !

Cette grande branche de la législation sera donc, dans tout état où les citoyens ont quelque idée de la véritable liberté, le premier objet sur lequel se fixera leur attention ; « car » il n'y a, dit Blackstone, ni rang, ni nais» sance, ni droiture de cœur, ni prudence, » ni circonspection, qui puisse faire dire à » quelqu'un, je suis sans intérêt dans cette » recherche : la fragilité trop naturelle au » meilleur de nous, les vices et les passions » effrénés des autres, l'instabilité des choses » humaines, le nombre infini et imprévu des » événements que chaque jour amène, dé» montrent à tout esprit non prévenu, que » rien ne saurait être d'un usage plus néces» saire que la connaissance des lois prohibi» tives, et des peines auxquelles on s'expose » en les violant. »

Mais j'ose dire que l'étude de ces lois devient un devoir, partout où la masse des citoyens est appelée par la législation à exercer la partie la plus importante du pouvoir judiciaire, et à consacrer, par ses décisions, les mesures de rigueur que nécessite le maintien de l'ordre public.

En effet, la force de la preuve, en matière criminelle, peut être si diversement modifiée par la nature des moyens qu'on emploie pour se la procurer et en rassembler les différentes branches, que les jurés ne pourront parvenir à la bien apprécier, qu'autant qu'ils auront quelques notions des formes qui en sont comme les organes nécessaires. C'est cette partie de la législation qu'ils doivent s'appliquer à connaître, s'ils veulent se prémunir contre ces funestes méprises dans lesquelles la prévention ou la précipitation d'esprit pourraient les entraîner.

D'un autre côté, comme l'application de la peine ne peut être déterminée que par l'évidence du crime, il n'importe pas moins que les jurés se forment des idées nettes sur la nature et le caractère des preuves d'où peut résulter cette évidence qui doit seule servir de base à la conviction.

Quoique l'on parle communément, dans le monde et dans le barreau, du probable, du vraisemblable, du certain, de l'évident, il faut avouer cependant qu'il est bien peu de personnes qui ne confondent le plus souvent toutes ces choses, et qu'en général les hommes ne sont conduits dans leurs jugements que par une espèce de routine plus ou moins sûre, suivant que l'expérience, la fréquentation, la connaissance des hommes, ou l'habitude des affaires, l'ont plus ou moins exercée. C'est même à cette cause qu'il faut attribuer la plupart de ces jugements téméraires dont, dans tous les temps et dans tous les pays, les annales des tribunaux criminels n'ont offert que trop d'exemples : de là encore cette fluctuation, cette divergence de sentiments et d'opinions, souvent sur les mêmes questions et sur les mêmes faits, dont les magistrats chargés de recevoir les déclarations des jurés sont tous les jours témoins.

Sans doute le moyen d'éclaircir bien des

doutes et de rallier plus facilement les membres dissidents d'un jury sous les banières de la vérité, ce serait de leur offrir une analyse approfondie de tous les éléments divers dont se compose la preuve, et qui peuvent ou la fortifier ou l'affaiblir, soit qu'ils dérivent du fait à juger, soit qu'ils prènent leur source dans les formes de la législation.

Mais dans la variété infinie des circonstances qui accompagnent chaque espèce de délit, peut-être n'est-il pas donné à l'esprit de l'homme de soumettre la doctrine de l'évidence, en matière criminelle, à des règles tellement précises, qu'elles puissent assurer l'infaillibilité des décisions que les jurés auront à prononcer.

Un traité sur cette matière, comme l'a dit un célèbre magistrat (1), exigerait l'application de la plus fine métaphysique, et de la connaissance la plus approfondie du cœur humain, aux différentes espèces de délits que

---

(1) Servan.

la loi a pu prévoir : il serait digne de Loke qui aurait consulté Larochefoucault.

Une pareille entreprise eût été bien au-dessus de mes forces ; ce n'est ici qu'une faible esquisse de l'ouvrage qui reste encore à faire sur cette importante matière ; les jurés y trouveront cependant à peu près réunies toutes les notions qui peuvent leur être le plus nécessaires dans l'exercice des fonctions qu'ils ont à remplir.

Persuadé qu'en matière criminelle la force de l'évidence dépend en grande partie de la nature des formes établies par la législation pour la poursuite et le jugement des crimes, après avoir parlé des témoignages, des indices, du corps du délit, j'ai dû examiner les différents actes de notre procédure criminelle, dans le rapport que chacun d'eux peut avoir avec l'intégrité de la preuve.

Quelques considérations générales sur l'origine du droit de punir, sur la justice, sur l'institution des jurés, serviront comme d'introduction à la partie qui fait l'objet principal de cet écrit.

Long-temps avant la révolution, le sujet que j'ai osé traiter avait déjà fixé l'attention des hommes qui s'occupaient du perfectionnement de nos législations. M. de Voltaire manifesta dès-lors l'opinion qu'il avait de son importance, par un trait que je me plais à rappeler (1), parce qu'il n'est peut-être pas assez connu; l'écrit anonyme qu'il publia dans le même temps, et dans lequel il fait sentir

(1) On avait inséré dans la gazette de Berne, du 15 février 1777, une notice ainsi conçue : Un ami de l'humanité, qui, content de faire le bien, veut se soustraire à la reconnaissance publique en cachant son nom, touché des maux qui naissent de l'imperfection des lois criminelles de la plupart des états de l'Europe, a fait parvenir à la société économique de cette ville, un prix de cinquante louis d'or en faveur du mémoire que la société jugera le meilleur sur le sujet qui suit : Composer et rédiger un plan complet et détaillé de législation sur les matières criminelles, sous ce triple point de vue; 1° des crimes, et des peines proportionnées qu'il convient d'y appliquer; 2° de la nature et de la force des preuves et des présomptions; 3° de la manière de les acquérir par la voie de la procédure criminelle.

M. de Voltaire, après avoir rappelé cette annonce en

la nécessité de définir les délits et les preuves dans les matières criminelles, m'a fait naître la pensée de me livrer à ce travail. Quoique je n'aye eu que bien peu d'instants à y consacrer, et que je sois sans doute resté bien loin du but que je me proposais d'atteindre, je ne croirai cependant pas avoir entièrement perdu le prix de mes veilles, si la pureté de mes

---

tête d'un petit écrit anonyme qu'il intitula : *Le prix de la justice et de l'humanité*, y joignit la note qui suit:

Un autre inconnu, touché du même zèle, ajoute cinquante louis au prix proposé, et les fait déposer dans les mêmes mains, afin que la société puisse à son gré augmenter le prix ou donner des accessits.

Ce trait prouve que la gloire qui s'attache aux productions du génie, n'était point la seule à laquelle cet homme extraordinaire se montrât sensible. Je dois ajouter qu'aucun écrivain ne combattit avec plus de force les vices de notre ancienne législation criminelle, et ne contribua plus efficacement à sa réformation; s'il est vrai, comme on le lui reproche aujourd'hui avec trop d'aigreur, qu'il ait accéléré la dépravation de nos mœurs par la licence de quelques-uns de ses écrits, devons-nous, pour cela, oublier ce qu'il a fait pour l'humanité?

motifs me concilie les suffrages de quelques amis de l'humanité; si, à la clarté des principes lumineux que nous ont transmis les immortels ouvrages des Beccaria, des Blackstone, des Montesquieu, quelques uns de ceux pour qui j'ai spécialement écrit apprènent à marcher d'un pas plus assuré dans la pénible route qu'ils auront à parcourir.

MANUEL DES JURÉS, OU ESSAI SUR LA PREUVE EN MATIÈRE CRIMINELLE.

CHAPITRE PREMIER.

De l'origine du droit de punir.

DANS l'enfance des sociétés, et chez presque tous les peuples dont la civilisation n'était pas fort avancée, chacun était seul juge, seul vengeur des torts qu'il avait soufferts soit dans sa personne soit dans sa propriété (1); tous

(1) La compensation pécuniaire était particulièrement en usage chez les Germains, chez qui, dit Tacite, *luitur homicidium certo armentorum ac pecorum numero, recipit que satisfactionem universa domus. De Mor. Germ.* C'est

les délits étaient réparés par des indemnités arbitrées entre les parties intéressées : cet usage se maintint pendant plusieurs siècles parmi les diverses peuplades qui vinrent s'établir dans les parties septentrionales de l'Europe. Peu à peu, l'accroissement de la population et les progrès de l'industrie ayant rendu les désordres plus fréquents, on fut enfin obligé de faire intervenir l'autorité publique, pour forcer le délinquant à payer les indemnités fixées par l'arbitrage. Mais bientôt le pouvoir, qui n'avait été appelé que pour consolider l'ouvrage de la conciliation, se constitua le souverain arbitre des jugements; l'on apprit à l'ombre des formes à se jouer de la liberté et de la vie des individus; des peines inouies jusqu'alors furent créées pour enchaîner les

---

ainsi qu'en Irlande la compensation avait lieu entre le meurtrier et les parents du mort qui poursuivaient la satisfaction. On trouve aussi dans les lois saxonnes les satisfactions pécuniaires pour le meurtrier, dans un ordre progressif, depuis le meurtre du paysan jusqu'à celui du roi. *Blackstone, ch.* 23.

La satisfaction pécuniaire est tellement en usage en Turquie, que le meurtre même n'est pas poursuivi par la justice, c'est l'affaire des plus proches parents de venger la mort des leurs; et s'ils préfèrent une indemnité particulière, il n'y a pas de poursuite.

peuples par la terreur, et un pouvoir institué pour protéger et pour défendre devint l'épouvante et le fléau des citoyens.

Cependant comme il existe dans le sein même de la société un germe de dissolution que le choc continuel des passions et des intérêts contraires a fait naître et qu'il alimente sans cesse, il fallut trouver un moyen qui en prévînt les funestes effets et qui raffermît tellement tous les liens de l'harmonie sociale, qu'aucune force étrangère ne pût l'anéantir.

Plusieurs législateurs avaient cru pouvoir remplir ce but, en fondant la législation sur des principes et des dogmes religieux; l'expérience fit voir que ce ressort était impuissant contre la force, toujours vive et rapide, des passions désordonnées. On reconnut que cet instinct pervers, qui porte l'homme à séparer incessamment son bien-être de celui de ses semblables, ne pouvait être combattu que par le motif qui agit le plus puissamment sur son esprit, l'intérêt de sa propre conservation.

Le droit de punir dérive donc de la nature même de l'organisation sociale, qui bientôt ferait place à toutes les horreurs de l'anarchie, si la législation n'était sans cesse occupée à étouffer dans leur naissance les ferments de dissolution qui menacent sans cesse de la détruire.

En réfléchissant sur la cause et sur l'objet de l'institution des peines, on se convaincra d'une vérité, qu'on ne saurait trop se hâter de rappeler, parce que l'irréflexion et la tyrannie des usages l'ont presque toujours fait oublier ; c'est que les peines ne sont justes qu'autant qu'elles ne sortent point des limites du droit qui les a fait établir; qu'elles deviènent oppressives, du moment que dans leur application elles excèdent la mesure d'intensité nécessaire pour le maintien de l'ordre et pour l'efficace garantie des divers avantages qui peuvent résulter de l'état social.

CHAPITRE II.

De la justice.

Le premier titre qui lie les hommes entre eux, c'est la justice ; elle est la source commune de tous les rapports humains, et le résultat ordonné de leurs besoins primitifs; dans l'individu, elle fixe, elle détermine et la nature et l'étendue de tous ses devoirs et de tous ses droits. Dans cet être moral, qui représente la volonté générale, et qu'on nomme le souverain, parce que tous les intérêts épars de la société se trouvent réunis dans ses mains, la justice consiste non seulement à veiller au bien-être de tous, mais encore à alléger pour tous la somme des maux inséparables de l'organisation sociale.

Le droit de jurisdiction que possède la société émane donc de son devoir de protection; et ce principe doit sur-tout être respecté partout où le citoyen prévenu d'un délit, n'a plus que sa vie ou sa liberté à offrir en compensation du crime qu'on lui impute.

Je dis aussi sa liberté; car l'entière propriété personnelle, ou la liberté, est le droit de tous, puisqu'elle est nécessaire à tous, et c'est en cela que les hommes sont et seront à jamais égaux. Quand Dieu a créé l'homme, il a voulu qu'il existât : l'existence est inséparablement liée à la subsistance, et nous ne pouvons subsister qu'en satisfaisant aux besoins que l'auteur de notre être nous a donnés; les facultés corporelles que nous avons reçues de lui sont évidemment destinées à satisfaire ces besoins, et notre intelligence, à nous aider dans ce travail; la propriété de notre personne en est l'instrument nécessaire : cette propriété est inaliénable et sacrée; on ne saurait nous la ravir sans nous anéantir.

Dans tout pays, où le titre de citoyen ne sera point un mot vuide de sens, la législation aura donc pris les mesures les plus sages pour que celui qui est accusé d'un crime ne puisse en aucun cas devenir la victime des passions haineuses ou des préventions inconsidérées, pour que l'erreur même, qui s'associe si facilement à toutes les opérations de l'entendement humain, ne puisse appeler sur sa tête un châtiment qu'il n'aurait point mérité.

Non seulement les lois ne souffriront point que le coupable même soit soumis à la peine qu'il a encourue, avant d'avoir été légalement convaincu, mais elles adopteront encore, pour la conviction, la méthode de jugement la plus conforme aux prescriptions sacrées de la justice; c'est-à-dire, celle qui conduira par les routes les plus sûres à la connaissance de la vérité, celle qui présentera une plus grande impartialité dans les juges, et qui conciliera au degré le plus éminent, le respect dû à la liberté individuelle, avec ce qu'exige le grand intérêt de l'ordre et de la sûreté publics.

On a cru trouver tous ces avantages dans le mode de jugement par jurés; mais comme les meilleures institutions peuvent devenir la source des plus grands maux, lorsqu'on s'écarte s'écarte des vues que semblent annoncer les noms dont on les décore, il est à propos d'examiner en quoi consiste cette méthode de jugement, et quelles conditions elle doit réunir pour produire tout le bien qu'on a droit d'en attendre.

CHAPITRE III.

De l'institution des jurés.

L'INSTITUTION des jurés est beaucoup plus ancienne qu'on ne pense communément; elle était en vigueur chez les peuples septentrionaux, qui l'apportèrent de leurs climats dans les diverses régions qu'ils conquirent sur les empereurs. On en trouve des traces chez les différents peuples qui se partagèrent les débris de cet empire. Tacite (1) parle des centurions qui rendaient la justice, et qui n'étaient autre chose que des jurés, choisis parmi les notables des divers cantons. Quoiqu'adonnés exclusivement à la profession des armes, ils ne songeassent guère à disserter

(1) De Mor. Germ., ch. 22.

sur ce qui constitue la liberté civile, le simple bon sens leur indiqua et leur fit adopter sans efforts une institution qui devait en être le plus sûr boulevard.

Le but principal de cette institution, c'est de soustraire le jugement de l'accusé à l'influence de toute autre autorité que celle qui doit résider dans la force de la preuve et dans la conviction libre des jurés. De là le principe, que l'accusé ne doit être jugé que par ses pairs (1), parce que l'extrême différence du rang ou de la fortune est presque toujours un obstacle à cette rigide impartialité qui est la première des qualités qui constituent un bon jury. L'homme puissant est trop souvent porté à regarder l'homme faible avec mépris; l'inférieur s'indigne à la vue de celui qui est au-dessus de lui; ces préventions injustes nuisent toujours aux intérêts de la vérité; elles ne doivent jamais trouver place entre le juge et l'accusé.

Une sorte d'influence, qui produirait les plus funestes effets, ce serait celle des magistrats chargés de soumettre l'affaire à la délibération du jury; elle serait sur-tout redoutable dans des hommes revêtus d'un office

---

(1) Beccaria, ch. 7.

permanent dont ils auraient été investis par le dépositaire de la force publique. La législation ne leur donne aucun droit de jurisdiction dans la décision du jury (1) : leur ministère se borne à l'éclairer sur les faits qui font la matière du délit, à l'aider dans la recherche toujours pénible de la vérité, et à donner une sanction légale au jugement qu'il prononce. Les véritables, les seuls juges de l'accusé, ce sont les jurés ; nulle autorité ne peut contraindre leur conviction ; elle n'est soumise qu'à l'empire de la justice et des lois ; elle ne cède qu'au témoignage pur d'une conscience éclairée.

Mais l'institution sera pervertie, elle sera anéantie, si l'opinion des jurés est assujétie, en aucune manière que ce puisse être, à l'autorité qui exécute la loi. Plus un gouvernement sera faible, plus il s'emparera avec avidité de tous les moyens qui lui paraîtront propres à consolider une puissance mal affermie ; pour lors le pouvoir judiciaire, qu'il devait le plus respecter, ne sera point à l'abri de ses invasions ;

---

(1) Il serait fort malheureux pour le juge que le sort de l'accusé dépendît de sa direction ; malheureux aussi l'accusé, si l'opinion du juge réglait le jugement des jurés, qui deviendraient alors fort inutiles. Blackst. ch. 27.

pour lors l'institution des jurés ne sera plus qu'un vain simulacre, et bientôt un tribunal de sang s'empressera de couvrir du masque des formes juridiques les proscriptions que la pusillanimité du parti triomphateur n'aurait osé proclamer (1). Dès l'instant, au contraire, que le gouvernement aura trouvé en lui-même la force nécessaire pour agir et pour faire mouvoir tous les ressorts politiques dans la sphère qui convient à chacun, il ne songera nullement à chercher dans un pouvoir étranger un appui qui lui deviendrait inutile; la justice reprendra son cours ordinaire, et l'institution des jurés redeviendra ce qu'elle doit être, c'est-à-dire, la terreur du coupable et l'asyle de l'opprimé.

L'objet du pouvoir judiciaire étant de faire respecter les lois, en punissant les actes qui les enfreignent, la législation ne doit en déférer l'exercice qu'aux citoyens les plus recommandables par leur probité, par leurs lumières, par leur attachement aux principes de l'ordre et de la morale publics. Si ces

---

(1) On peut voir, dans l'Histoire d'Angleterre, par M. Hume, comment, pendant les troubles qui ont agité ce pays, le tribunal, dit la chambre étoilée, usa des pouvoirs extraordinaires qui lui avaient été attribués.

qualités se trouvaient réunies au même degré dans tous les individus qui composent l'état, il n'y aurait sans doute nul inconvénient à les appeler tous indistinctement à remplir les fonctions de jurés; mais l'expérience nous a fait appercevoir l'illusion de ces théories séduisantes, qui prêtaient à notre espèce une perfection idéale, bien peu compatible avec la nature de l'homme social, cet être si grand, quand la raison l'éclaire et le guide, si petit et si faible, lorsque l'erreur ou des passions dépravées l'égarent ou le subjuguent. Tacite nous apprend que les Germains ne composaient leurs jurys que des citoyens réputés les meilleurs: *viros bonos seligunt* (1). La constitution de l'an 3 n'appelait aux fonctions de jurés que ceux qui réunissaient les conditions requises pour être électeurs; la loi du 16 germinal an 8 veut que les jurés ne soient plus choisis que parmi les citoyens portés sur les listes d'éligibles.

Quoique toute la puissance judiciaire dans les matières criminelles se trouve par là concentrée dans les mains d'un bien petit nombre de citoyens, les dangers de cette attribution ne seront cependant pas beaucoup à craindre,

---

(1) Tacite. De Mor. Germ., ch. 21.

si toujours elle reste inaccessible à l'influence que le gouvernement aura tant de moyens d'exercer sur des hommes auxquels leur qualité d'éligibles donne déjà l'expectative presque exclusive de toutes les faveurs, de toutes les dignités. Il suffira que la législation porte un instant ses regards sur une institution aussi importante que celle des jurés, pour que bientôt elle la rappèle à toute sa pureté primitive, pour qu'elle nous la présente digne de la nation magnanime qui a acquis par assez de sacrifices le droit de voir du moins sa liberté civile efficacement garantie et assise enfin sur de solides bases.

CHAPITRE IV.

De la conviction.

La législation n'aurait pu prescrire aux jurés les règles qui doivent déterminer leur conviction, sans porter atteinte à cette indépendance absolue d'opinion qui fait l'essence de leur caractère.

Elle a dû leur dire : Examinez, pesez, discutez, avec attention et impartialité, les preuves du délit et la défense de l'accusé; interrogez vos consciences dans le silence et le recueillement (1); je ne vous demande point compte des moyens qui auront pu vous convaincre: vous n'avez à répondre qu'à cette seule question : Avez-vous une ferme conviction?

Mais la confiance sans réserve que la loi accorde aux jurés leur impose de grands devoirs à remplir; les armes qu'elle met dans leurs mains deviendraient trop redoutables, s'ils n'apportaient une extrême circonspection dans l'usage qu'ils en auront à faire. Plus leurs pouvoirs sont étendus, plus ils se montreront attentifs à ne point se laisser aller aux passions qui obscurcissent l'entendement, et à prendre tous les moyens que la sagesse humaine peut suggérer, pour ne jamais confondre les apparences avec la réalité, les présomptions avec les preuves, le mensonge avec la vérité.

A quels caractères cependant les jurés pourront-ils reconnaître cette évidence, cette certitude morale, qui seules doivent servir de base à leur conviction?

L'instabilité continuelle de nos jugements sur les choses de la vie qui nous intéressent le plus, nous fait assez connaître combien est

(1) Instruction sur la procédure criminelle.

faible et vacillante cette lumière que la nature a départie à tous les hommes, quoique dans un degré bien inégal, pour les guider dans la recherche des vérités qu'il leur importe de connaître. L'expérience de tous les jours nous apprend que nous portons en nous-mêmes la source de toutes nos erreurs. Chaque homme a sa manière de voir et de sentir qui lui est propre, et le même homme voit différemment la même chose en différents temps; les impressions que nous recevons des objets extérieurs varient dans chacun de nous suivant la différence de nos affections morales et physiques, suivant celle de nos opinions, de nos habitudes, de notre éducation.

A ces vices, qui tiènent à la nature de notre entendement, se joignent les faiblesses qui sont de notre espèce.

Les uns croient qu'il y a de la honte à douter, à ignorer; ils aiment mieux parler et décider au hasard que de reconnaître qu'ils ne sont point assez instruits des choses pour en porter un jugement. On a toutes les peines du monde à tirer de la bouche de bien des hommes cet aveu si conforme à leur condition : Je ne suis point assez informé; la vérité m'échappe.

Les autres, au contraire, mettent une sorte de vanité à soutenir qu'il n'y a rien de certain;

ils ne veulent point prendre la peine d'envisager les choses avec assez de soin pour en apprécier la vérité : les preuves les plus claires ne sauraient les convaincre ; ils ne peuvent se résoudre à rien affirmer sur le témoignage d'autrui ; et ils révoquent en doute jusqu'à l'évidence elle-même.

Ainsi la présomption, la précipitation, dans les premiers, le défaut d'attention et d'application d'esprit, dans les autres, produisent des effets également contraires aux intérêts de la vérité.

Mais puisque les hommes se trompent quelquefois, et que quelquefois aussi ils ne se trompent pas ; qu'ils jugent tantôt bien et tantôt mal, et qu'après avoir mal jugé, ils sont capables de revenir de leur erreur, ils peuvent remarquer, en réfléchissant sur leurs affections et sur leurs pensées, quelle méthode les a conduits à la vérité, quelle cause les en a écartés, et peuvent ainsi former sur ces réflexions des règles qui les empêchent de tomber par la suite dans les mêmes surprises.

La première de ces règles, et qui semble en quelque sorte les renfermer toutes, est celle qui nous a été indiquée par un des plus beaux génies (1) que la France ait produits, comme

(1) Descartes. Traité de la Méthode.

étant tout à-la-fois la plus simple et la plus sûre. Elle consiste à ne recevoir jamais aucune chose pour vraie, qu'on ne la connaisse évidemment être telle, c'est-a-dire, d'éviter soigneusement la précipitation et la prévention, et *de ne comprendre rien de plus en ses jugements que ce qui se présente si clairement à l'esprit, qu'on n'ait aucune raison de le mettre en doute.*

En appliquant cette règle aux matières criminelles, on apperçoit qu'il n'importe pas seulement aux jurés de connaître les faits et les circonstances particulières du délit qu'on leur présente à juger, mais qu'il leur est également nécessaire d'avoir des notions précises sur la nature des formes qu'on emploie pour les conduire à la conviction.

Ces formes consistent tout à-la-fois et dans les différents actes de la procédure, et dans les moyens qui sont, en cette matière, comme les organes et les instruments nécessaires de l'évidence, tels que les indices, les témoignages, les procès-verbaux du corps du délit : toutes ces choses font partie intégrante de la preuve, parce qu'elles servent toutes à faire apprécier les différents degrés de certitude qu'on doit y attacher.

CHAPITRE V.

De la preuve.

La preuve peut se définir *ce qui établit la certitude d'une chose douteuse.*

Il y a divers degrés dans une preuve; elle commence par l'incertain; à mesure qu'elle se fortifie, elle devient vraisemblable; de la vraisemblance elle passe à la vérité; de la vérité à la certitude; de celle-ci à l'évidence.

Un principe qu'il ne faut jamais perdre de vue dans cette matière, c'est que la fausseté ou la réalité d'un fait est toujours indépendante de l'opinion que nous pouvons en avoir. Un fait est toujours vrai ou faux en lui-même; tous les doutes qui peuvent s'élever à son sujet n'existent que dans notre esprit.

Les diverses gradations que nous avons remarquées dans la preuve ne sont donc que les diverses affections que notre esprit éprouve lorsque dans la recherche de la vérité d'un fait, il peut remonter du doute et de l'incertitude jusqu'à ce point où la réunion de toutes les circonstances et l'examen réfléchi de toutes les preuves le forcent à convenir de la vérité ou de la fausseté de la proposition qu'on affirme.

On voit par là qu'il peut y avoir plusieurs degrés dans la probabilité; elle s'affaiblit ou se fortifie, selon qu'elle s'éloigne ou se rapproche davantage de la certitude; c'est ce qui fait dire qu'un fait peut être plus ou moins vraisemblable, quoique nous ne puissions encore en affirmer la vérité.

Il n'y a, au contraire, aucun degré dans la certitude: tout ce qui l'affaiblit, l'anéantit; elle existe en entier ou elle n'existe pas. C'est le trait de lumière dont la vive et pénétrante clarté bannit de notre esprit tous les nuages qui l'empêchaient d'appercevoir la vérité, d'où il suit que nous ne sommes pas encore convaincus, toutes les fois qu'il peut nous rester encore quelques doutes sur le fait que nous avons à juger.

Il n'y a que deux voies pour parvenir à la certitude; la première, c'est lorsque nous formons notre jugement d'après les sensations que font sur nous les objets que nous examinons et qui se trouvent placés à la portée de nos sens.

La seconde, c'est lorsque nous sommes réduits à en juger par les traces qu'ils ont laissées après eux, ou bien sur le témoignage d'autrui.

La première méthode, qui ne pourrait guère être sujète à erreur, a rarement lieu en matière criminelle, parce qu'il arrive difficilement que les jurés ayent une connaissance personnelle des faits sur lesquels ils ont à prononcer.

La seconde y est d'un usage journalier; elle consiste dans tous les moyens que la loi emploie et consacre pour acquérir la preuve du crime.

CHAPITRE VI.

Des témoignages.

C'EST sur-tout dans les dépositions des témoins, que les jurés puiseront les lumières qui peuvent déterminer leur conviction; les témoignages vivifient et reproduisent en quelque sorte sous les yeux des jurés les vestiges effacés du délit; ils donnent l'authenticité nécessaire aux documents toujours incertains et souvent erronés que présentent les pièces du procès : car les écrits dans cette matière ne peuvent être considérés que comme les premiers éléments, comme les auxiliaires de la preuve qu'il s'agit d'établir; c'est sur-tout sur les dépositions des témoins et sur les débats qui ont eu lieu en leur présence, que les jurés doivent asseoir leur conviction (1); les faits ne peuvent être effectivement bien connus que par le résultat de la discussion contradictoire qui s'ouvre avec l'accusé; et on remarquera que, jusqu'au moment où il paraît en jugement, il n'a encore eu ni le droit ni le pouvoir de proposer ses moyens de défense, c'est-à-dire, ceux qui peuvent tendre soit à détruire l'existence du délit, soit à prouver qu'il n'en a été ni l'auteur ni le complice. Le premier soin des jurés sera donc de porter la plus sérieuse attention sur les témoignages qu'on leur présente.

Mais qui osera fixer des règles sur le témoignage de l'homme? Ces règles seraient bientôt démenties par les variations continuelles de son cœur et de ses affections, par son art à les déguiser, ou par la difficulté d'en avoir la preuve, lors même qu'elles se montrent le plus à découvert. Qui pourra nous dire si un témoin est sincère, s'il est bien instruit, s'il se

---

(1) Instruction sur la procédure criminelle.

trompe, ou s'il ne veut pas nous tromper? De quel droit veut-il me forcer de règler mon jugement sur le sien? Ne voit-on pas souvent dans les affaires et les intrigues du monde, que ni le nombre ni la qualité des témoins n'empêchent pas qu'on ne se méfie souvent des bruits ou des rapports les plus accrédités? Ceux qui sont le plus au fait de son manège ne se décident jamais pour y croire ou pour les rejeter, que d'après les intérêts, les passions, les liaisons, les penchants, les opinions de ceux qui les répandent, et ils se trompent rarement: il en est de même du grand au petit. Les hommes se ressemblent dans tous les rangs et dans tous les états; la différence n'est que dans la grandeur des intérêts qui les divisent, dans les moyens et dans les occasions qu'ils ont de développer les passions qui les agitent; aussi voit-on que dans les procès civils tant soit peu importants, on proscrit presque partout la preuve par témoins; l'impossibilité de s'en passer en matière criminelle a obligé de l'y laisser subsister; mais la loi civile est un avertissement continuel de s'en méfier.

CHAPITRE VII.

Continuation du même sujet.

C'EST un point important dans toute législation, dit Beccaria (1), de déterminer exactement les principes d'où doit dépendre la crédibilité des témoins; en effet l'efficacité des témoignages reposera toujours principalement sur la croyance qu'ils pourront mériter ; les jurés auront donc à porter un examen attentif, non plus, comme le prescrivait la loi romaine, sur le rang et les dignités que le témoin occupe dans la société, mais sur ses mœurs, sur ses habitudes, et sur-tout sur la nature de ses liaisons, soit avec l'accusateur, que nous appelons encore partie plaignante, soit avec l'accusé.

La croyance qui est due au témoin doit principalement se mesurer sur l'intérêt qu'il a de dire ou de ne pas dire la vérité; elle sera plus ou moins grande en proportion de la haine ou de l'amitié qu'il porte à l'accusé, et des autres relations plus ou moins fortes qu'ils ont ensemble.

La crédibilité du témoin peut être quelquefois moindre, lorsqu'il est membre de quelque

(1) Ch. 8.

société, de quelque corporation (1), dont les opinions connues sont en opposition avec celles qu'on suppose à l'accusé, parce qu'un tel homme a non seulement ses propres passions, mais encore celles des autres. Elle est presque nulle, lorsqu'il dépose d'un fait comme l'ayant entendu dire à d'autres personnes : le ton, le geste, tout ce qui accompagne et suit les différentes idées que les hommes attachent aux paroles, en altèrent ou modifient le sens de tant de manières, qu'il est impossible de les rendre telles précisément qu'elles ont été proférées. A la suite des actions violentes, tels que sont presque tous les délits, on trouve presque toujours des vestiges permanents qui ne permettent pas de les méconnaître ; les paroles ne laissent jamais que des traces bien fugitives dans la mémoire souvent infidèle ou séduite des personnes qui ont pu les recueillir.

La croyance due au témoin s'affaiblit encore par l'atrocité du crime et par l'invraisemblance des circonstances qui paraissent l'accompagner. On ne doit point légèrement ajouter foi aux crimes contre lesquels s'élèvent avec force les sentiments que la nature inspire à tous les hommes.

(1) Traité des délits et des peines, ch. 8.

Le témoin ne mérite aucune créance quand il varie, quand il se contredit, sur-tout si ces contradictions tombent sur des circonstances essentielles; il en est de même de celui qui dépose d'une manière vague, équivoque, incertaine. Il est difficile de convaincre quand on n'a pas soi-même la conviction de la vérité des faits qu'on articule; enfin, dans les doutes que pourraient faire naître les déclarations contraires de plusieurs témoins différents, la présomption de l'innocence exige toujours que l'interprétation se fasse en faveur de l'accusé, toutes les fois qu'il n'existe point d'ailleurs de preuves concluantes au procès.

Un des moyens les plus efficaces pour découvrir la vérité, ce sont les témoignages contraires; c'est de leur accord, souvent même de leur opposition qu'on la voit ressortir. Quand les témoins, produits par celui qui affirme et ceux produits par celui qui nie, par l'accusateur, par exemple, et par l'accusé, s'accordent entre eux ou ne varient que sur des circonstances légères, c'est un indice presqu'assuré de l'exactitude de leurs dépositions; souvent, au contraire, il jaillira de leur discordance même, des rayons de lumière qui serviront à donner un plus grand jour à la vérité. Il arrivera quelquefois que l'accusé sera convaincu par les témoignages qu'il aura fait entendre à sa décharge, et qu'il sera, au contraire, justifié par ceux dont on voulait se servir pour le convaincre; c'est en considérant l'ensemble des dépositions, en rapprochant les points où elles s'accordent de ceux où elles diffèrent, que les jurés parviendront à prendre de chacune la véritable idée qu'ils doivent en avoir. Aprés avoir comparé les témoignages non seulement dans leurs rapports et dans leurs différences, mais encore avec les réponses de l'accusé, les jurés auront à examiner jusqu'à quel point ils sont en concordance avec les indices; car les indices ne diront rien sans les témoins, et les témoignages ne seront pas d'une grande force, s'ils ne sont appuyés par les indices.

Il faut conclure de là que la preuve en matière criminelle est indivisible de sa nature; qu'elle se compose, tout à-la-fois, et de l'accusation, et de la défense, et des témoignages, et des indices; qu'il est par conséquent nécessaire, pour en apprécier la juste valeur, d'en envisager toutes les parties d'un même coup-d'œil et sous un même point de vue.

« Il en est d'une preuve, dit le judicieux Ayrault (1), comme d'une peinture ou d'une

(1) Jurisconsulte du 16e siécle. Ord. judiciaire, pag. 22.

tapisserie : pour en bien juger, il faut la voir et la déployer toute ; l'ensemble produit un effet qui se perd, quand on la voit pièce à pièce. »

CHAPITRE VIII.

Des personnes qui ne sont point admises à témoigner.

Chez presque tous les peuples, des considérations qui tiènent à la morale publique, ont fait rejeter le témoignage des parents en matière criminelle.

Dans notre législation, un mari ne peut déposer contre sa femme, ni une femme contre son mari, même après le divorce légalement prononcé.

Les ascendants ne peuvent aussi être entendus en témoignage contre les descendants et réciproquement ; il en est de même d'un frère et d'une sœur contre leurs frère et sœur, et des alliés au même degré (1),

Quelques moralistes, effrayés des conséquences de l'impunité des crimes, pensent qu'il est permis de tout mettre en usage pour

(1) Loi du 3 brum. an 4, art. 358.

en découvrir les auteurs. Ce zèle est sans doute louable ; mais il doit avoir ses bornes. L'impunité d'une infraction passagère faite à l'ordre social serait, à coup-sûr, moins dangereuse que la destruction des mœurs, qui en sont la base. Or, les mœurs se maintiènent par la concorde, l'union, la subordination dans les familles, les égards, le respect que l'on doit à ceux qui en sont les chefs ; mais forcez ceux qui en sont membres d'être mutuellement leurs délateurs, d'aller porter témoignage les uns contre les autres, bientôt la cordialité en disparaîtra pour faire place à la méfiance et aux soupçons. Quelle foi pourrait-on avoir, d'ailleurs, en de tels témoignages ? Ou ceux qu'on voudra obliger de témoigner contre leurs parents conservent encore dans leur ame quelques vestiges des affections que la nature y avait mises, et que l'éducation et la reconnaissance y ont développées ; ou bien ce sont des cœurs corrompus et dénaturés. Croit-on que les premiers, placés entre la loi de la nature et la loi civile, pourraient hésiter long-temps sur celle qu'ils doivent enfreindre ? Les derniers méritent-ils de servir de guides aux décisions de la justice ? Et si l'on pousse la cruelle curiosité jusqu'à vouloir tirer de la simplicité et de l'innocence d'un enfant des indices toujours trompeurs contre les auteurs de leurs jours, si par ce moyen un malheureux père est traîné à une mort ignominieuse..... Ecartons cette horrible image.

CHAPITRE IX.

De la partie plaignante.

Si les habitudes, les mœurs, les attenances, les liaisons du témoin avec l'accusé peuvent souvent affaiblir le poids de sa déposition, que faudra-t-il penser de celle du dénonciateur ou de l'accusateur ?

J'appèle accusateur, celui que nous nommons encore plaignant, ou partie plaignante, c'est-à-dire celui qui poursuit sa propre cause, et demande réparation du tort qu'il a souffert.

Le dénonciateur, au contraire, est celui qui défère un crime, sans avoir aucun intérêt à sa vengeance.

Le dénonciateur et l'accusateur pourront-ils être ouïs comme témoins? Leur déposition entrera-t-elle pour quelque chose dans l'appréciation de la preuve ? Seront-ils érigés en juges de l'accusé (1)? Car, il faut en convenir, les témoins sont ses premiers juges.

Dans toute l'antiquité, à Athènes, à Rome, les accusations étaient publiques, c'est-à-dire qu'elles étaient ouvertes à tout le monde; c'était même là la voie des honneurs, et tous les jeunes gens qui voulaient y parvenir commençaient par quelqu'accusation d'éclat; cependant, malgré les motifs nobles et élevés qui dirigeaient les accusateurs, quoiqu'ils ne retirassent d'autre profit du succès de leur accusation, que la gloire d'avoir procuré la punition des coupables, qu'ils ne courussent d'autre danger que la honte d'échouer dans leur entreprise, les lois ne leur donnaient aucun avantage sur les accusés; tout était

---

(1) Heureuses les nations qui ont été assez sages pour statuer que tout accusateur se mettrait en prison en y faisant enfermer l'accusé! C'est de toutes les lois la plus juste; encore les délateurs ont-ils le moyen de s'y soustraire. Calvin fit accuser Servet par son valet Lafontaine, et, s'étant mis à couvert de la loi, il n'en poursuivit que plus vivement son accusation. La loi n'en est pas moins équitable; elle ressemble aux règles de ces combats en champ clos, dans lesquels les champions etaient obligés de combattre avec des armes égales, et de partager le soleil et le vent. La manière de combattre était raisonnable et juste, quoi qu'il fût très-injuste et très-insensé de faire dépendre la vérité d'un combat. Volt.

parfaitement égal entr'eux ; il ne fut jamais question de les admettre au nombre des témoins; ils étaient obligés d'en produire eux-mêmes pour prouver leur accusation.

Dans nos usages, quoique le ministère public soit seul partie légitime pour poursuivre la punition corporelle ou infamante des coupables, cependant, toutes les fois qu'il y a une partie plaignante, l'intérêt immédiat qu'elle a dans le procès n'empêche pas qu'elle ne remplisse en quelque sorte, à l'égard du prévenu, le rôle du véritable accusateur. C'est elle qui rédige, ou qui du moins peut, dans tous les cas, rédiger l'acte d'accusation (1); c'est elle qui produit les témoins devant les premiers jurés, qui leur fournit tous les documents, qui discute en leur présence (2), et sans contradicteur, toutes les preuves ou toutes les présomptions qui peuvent fonder l'accusation; elle devient encore, devant les jurés de jugement, le principal adversaire de l'accusé; quoique déjà le ministère public ait soumis aux jurés le tableau des charges résultantes du procès, la partie plaignante peut encore plaider après lui tous les moyens qui

(1) Loi du 3 brum., art. 227.

(2) Ibid., 238.

lui paraissent propres à déterminer la condamnation (1).

Il faut cependant reconnaître que l'institution qui défère à une magistrature spéciale la poursuite des crimes, n'a pas eu seulement pour but d'assurer la punition des coupables, mais aussi d'opposer une digue puissante à l'emportement des passions que le ressentiment d'un tort réel ou prétendu pourrait exciter. Si l'action qui tend à l'application d'une peine capitale est, de sa nature, si différente de celle qui ne peut avoir d'autre objet qu'une satisfaction pécuniaire, pourquoi se trouvent-elles, en quelque sorte, simultanément cumulées l'une et l'autre, par le fait, entre les mains de la partie plaignante ? La sévérité de nos formes judiciaires, en matière criminelle, doit-elle devenir une arme offensive et meurtrière contre celui dont on n'a que des dommages et intérêts à prétendre ? Le ministère public n'a-t-il pas assez de force, assez de moyens pour déjouer l'artifice, pour confondre l'imposture, pour arracher au crime le masque dont il voudrait se couvrir ? Ce nouvel adversaire que vous suscitez à l'accusé, ne mettra-

(1) Loi du 3 brum., art. 370.

t-il pas tout son art, bien plutôt à séduire qu'à éclairer la conscience des jurés, alors que le langage simple, mais redoutable de la vérité, est le seul qu'ils devraient entendre? Enfin, est-il bien nécessaire d'aggraver la position déjà trop pénible de l'accusé, s'il est innocent, par une forme d'instruction dans laquelle on ne voit aucune sorte de proportion entre les moyens de l'attaque et ceux de la défense, dans laquelle on ne reconnaît point cette protection efficace que des lois justes ne retirent à l'accusé qu'à l'instant où il a été déclaré convaincu?

Remarquez encore combien de ferments de haine cette méthode de poursuite doit enraciner dans le cœur des citoyens que toutes les bonnes institutions rappèlent sans cesse à la paix et à l'union; combien aussi elle avilit, dans l'esprit de la multitude, le prix des choses qu'on doit estimer le plus, lorsqu'elle paraît mettre dans une même balance un intérêt purement pécuniaire, avec l'honneur et la liberté : car, dans cette lutte qui s'engage entre le plaignant et l'accusé, le peuple, qui est présent aux débats, appréciera bien moins la gravité du crime par ses rapports avec l'intérêt de l'ordre ou de la foi publique, que d'après la mesure du préjudice que la partie plaignante peut en avoir souffert.

Ne serait-il pas possible d'assurer à la partie civile l'exercice de l'action que la loi lui accorde, sans lui donner un si grand avantage sur l'accusé ? Si on lui conservait le droit de rédiger la plainte, de produire les témoins, de fournir les documents, n'aurait elle pas tous les moyens qui lui sont nécessaires pour établir la certitude du délit, et pour justifier la légitimité des réparations qui lui sont dues ? Du moment qu'elle a intérêt dans le procès, son témoignage ne saurait ni suppléer à la faiblesse des preuves, si elles étaient insuffisantes, ni leur ajouter aucune force nouvelle, dans le cas où elles seraient concluantes; mais j'admets que le plaignant soit reçu à témoigner, du moins ne doit-il point, sur-tout devant les jurés de jugement, se présenter avec le caractère du principal adversaire de l'accusé; il ne doit point s'associer à cette fonction si délicate du ministère public, qui consiste à exposer aux jurés, avec la plus rigide impartialité, toutes les circonstances de l'affaire, soit qu'elles chargent le prévenu, soit qu'elles tendent à le justifier. Faut-il que l'accusé ait à répondre à des personnalités toujours odieuses, et souvent étrangères à l'objet du procès, dans un moment où toute son attention est si vivement réclamée par un intérêt d'une toute autre importance que celui sur lequel peut être fondée l'action en réparations civiles ? L'issue des débats mettra toujours le tribunal à portée de prononcer sur les dommages et intérêts, quand bien même on ne paraîtrait point en cause pour les demander ; les jurés appercevront bien mieux la vérité, lorsqu'ils la verront sans le mélange de toutes les trompeuses couleurs sous lesquelles la passion ou la prévention s'efforceront toujours de la présenter.

CHAPITRE X.

Du dénonciateur.

LORSQUE le sceptre du monde eut passé dans la main des Césars, le despotisme abrogea, dans Rome, les accusations publiques qui se poursuivaient devant les assemblées du peuple; les accusateurs ne furent bientôt plus que des délateurs; les premiers étaient conduits par des motifs de gloire ou de bien public; les derniers ne le furent que par une vile cupidité ou par une lâche flatterie envers les tyrans ou leurs favoris, dont ils secondaient par leurs délations l'avarice et la cruauté; elles se faisaient quelquefois ouvertement, mais le plus souvent en secret, et déterminaient presque toujours la condamnation de l'accusé; aussi le nom de délateur devint-il un nom d'opprobre.

Notre législation reconnaît une sorte de dénonciation, qui, par le caractère généreux qui la distingue, convient singulièrement à l'esprit républicain. Lorsqu'un citoyen, qui défère un délit à l'officier de police, déclare qu'il est prêt de signer sa dénonciation, et affirme qu'elle n'est dictée par aucune sorte d'intérêt personnel, la loi veut que le juge de paix soit tenu de décerner sur-le-champ un mandat d'amener contre le prévenu; dans ce cas, le dénonciateur est admis à témoigner, mais il est tenu des dommages et intérêts de l'accusé, si celui-ci est acquitté (1).

La loi rejète, au contraire, le témoignage des dénonciateurs, quand il s'agit des délits dont la dénonciation est récompensée pécuniairement par la loi, ou lorsque le dénonciateur peut, de toute autre manière, profiter de l'effet de sa dénonciation (2).

Celui qui refuse de signer sa dénonciation

(1) Loi du 3 brum., art. 90.
(2) Ibid., art 358.

devant l'officier public, ou qui, après l'avoir signée, s'en désiste dans les vingt-quatre heures, non seulement peut être entendu en témoignage, mais il n'est même tenu d'aucunes réparations civiles envers l'accusé, quelle que soit l'issue du procès (1).

Mais comment les jurés pourront-ils apprécier le degré de croyance qu'ils pourront donner à cette sorte de dénonciateurs? Il est évident qu'ils ne pourront y parvenir qu'autant qu'on leur fera connaître, parmi les témoins qu'on leur présente, celui qui est le dénonciateur, afin qu'ils cherchent à pénétrer les motifs secrets qui ont pu dicter sa dénonciation.

Dans les républiques anciennes, où les accusations étaient le chemin de la gloire et des honneurs, on voyait clairement de quel principe dérivaient les sentiments qui animaient les accusateurs; mais dans nos institutions, qui n'offrent au dénonciateur ni gloire ni profit à recueillir, il n'est point aussi facile de discerner quels peuvent être les véritables motifs qui l'ont fait agir. Plus les lois auront mis de rigueur dans les peines qu'elles infligent aux coupables, plus aussi il y aura de raisons

(1) C'est la conséquence de l'art. 93 de la loi du 3 brum.

de douter que l'amour du bien public soit assez actif pour avoir déterminé seul une dénonciation qui pourrait aboutir soit à la flétrissure, que nous réputons le plus grand des supplices, soit à la mort ignominieuse de l'accusé. « Ce » qu'on fait, dit le judicieux Ayrault (1), sans » obligation, sans contrainte, et qui plus est » sans douleur, se reporte plutôt de prime- » face à quelqu'intention sinistre, qu'à zèle » et affection de paix ». Cette vérité sera spécialement applicable à ceux qui, après avoir déféré le délit à la justice, auraient craint de s'avouer pour les dénonciateurs. Souvent alors les plus viles passions pourront se montrer sous les dehors du zèle le plus pur; il ne suffira donc point que le dénonciateur ne demande rien, pour que son témoignage présente le caractère d'une parfaite impartialité; car la cupidité ou l'amour de l'argent ne sont point les seules passions auxquelles les hommes sacrifient trop souvent ce qu'ils doivent à leur conscience et à la vérité; combien n'en est-il pas qui, loin de demander le salaire d'une dénonciation, croiraient au contraire ne pouvoir jamais payer trop cher le cruel plaisir d'avoir suscité une douloureuse vexation à celui qu'ils auraient voulu perdre?

---

(1) Ordre judiciaire, pag. 205.

CHAPITRE XI.

Des témoins nécessaires.

En matière civile, la loi rejète le témoignage des personnes infâmes, de ceux qui ont fait faillite, ou qui ont été repris de justice, des femmes publiques, de ceux qui sont morts civilement, des proches parents ou alliés, et le plus souvent aussi celui des serviteurs ou personnes à gage.

Notre ancienne jurisprudence criminelle n'admettait ces sortes de témoignages que dans des cas très-rares, et seulement lorsqu'on ne pouvait avoir autrement la preuve du crime; on les appelait alors nécessaires, parce qu'on était obligé d'y recourir pour convaincre le coupable.

Plusieurs criminalistes s'élevèrent cependant avec force contre cette doctrine. La nécessité, disait-on, où l'on est de recourir au témoignage n'ajoute rien à sa force ou à sa solidité; elle n'écarte point le soupçon qui s'élève contre le témoin, sur-tout lorsqu'il est fondé sur des motifs raisonnables; elle augmente,

augmente, au contraire, les dangers et les inconvénients de ces témoignages, sur-tout lorsque ceux qui les portent n'ont point la crainte d'être contredits par des témoignages contraires. Si on ne les reçoit point lorsqu'il ne s'agit que d'un léger intérêt civil, comment pourrait-on y ajouter foi lorsqu'il est question de l'honneur ou de la vie? En admettant des témoins suspects, en choisissant ses preuves inconsidérément et au hasard, ne s'expose-t-on point à faire périr l'innocent et à commettre par là un nouveau crime, sans que celui que l'on veut venger reste pour cela moins impuni?

Il faut avouer cependant que ce qui faisait, dans notre ancienne législation, le danger de l'admission de ces sortes de témoignages, c'est que le pouvoir d'appeler ou d écarter les témoins, et celui de prononcer sur la preuve matérielle, étaient réunis dans la main des mêmes juges; c'est que l'accusé était en quelque sorte privé du droit de sa défense naturelle par l'impuissance où il était de produire des témoins de son côté, et de contredire ceux qu'on lui opposait. S'il lui eût été permis de repousser à armes égales les coups qu'on voulait lui porter, son sort eût été moins rigoureux, quelques témoins qu'on eût produit contre lui, eût-on fait sortir, pour cet usage, le délateur des ténèbres dont il s'enveloppe. C'était la sévérité de la procédure contre l'accusé qui obligeait de faire un choix parmi les témoins, et qui donnait lieu à toutes les difficultés embarrassantes que ce choix faisait naître; car, soit qu'on ajoutât une pleine et entière foi à la déposition des témoins nécessaires, soit qu'on décidât qu'on n'y aurait aucun égard, on était toujours exposé, soit à condamner l'innocence, soit à assurer l'impunité au crime. Le seul moyen de remédier à cet inconvénient, c'était, en laissant à la partie publique toute la latitude de moyens nécessaires pour acquérir la preuve du crime, de ne mettre aucune restriction à ceux que doit avoir l'accusé pour établir sa justification. C'est en cela que consiste principalement le droit de la défense naturelle.

L'institution des jurés concilie ces intérêts divers en donnant au magistrat le pouvoir d'évoquer et de produire les témoins, mais non celui de prononcer sur l'efficacité de leurs dépositions. Le ministère public peut appeler devant le jury tous ceux qu'il croit instruits des diverses circonstances du délit; c'est aux jurés à discerner de quel poids peuvent être à leurs yeux les témoignages qu'on leur présente. Les dépositions d'un associé, d'un domestique, d'un enfant, d'un homme peu réglé dans ses mœurs, ne pourront seules déterminer la conviction : mais on a considéré qu'elles pouvaient donner des lumières; et, comme la certitude se forme de la corrélation de toutes les circonstances d'un fait, ces dépositions, rapprochées des circonstances, peuvent acquérir une force qu'elles n'auraient pas, si elles étaient isolées. C'est là l'usage de bien des peuples; c'est le sentiment de plusieurs philosophes, c'est aussi celui que notre législation a consacré.

CHAPITRE XII.

Des experts.

La preuve par experts est une espèce de preuve testimoniale qui s'emploie principalement, quand il s'agit de constater un délit dont on ne peut bien juger la nature que par le secours des gens de l'art; on en fait particulièrement usage dans les accusations de faux, de viol, d'empoisonnement et autres crimes de cette nature.

Nos anciennes lois avaient établi certaines formes, qui, en donnant un plus grand caractère de certitude à cette espèce de preuve, étaient en même-temps propres à en écarter les dangers qui peuvent l'accompagner. Les experts devaient être nommés par le juge, à moins que le cas ne requît célérité; ils devaient être au nombre de deux, parce que ce nombre était nécessaire pour former une preuve juridique. Lorsqu'il sagissait d'un faux en écriture, chacun des deux experts devait examiner séparément l'écrit prétendu falsifié. Ils exposaient chacun séparément, en présence de l'accusé, le résultat de leur examen (1). Dans les délits qui étaient de nature à être constatés par des médecins et chirurgiens (2), le plaignant ainsi que l'accusé pouvaient demander une seconde visite, lorsqu'il y avait lieu de craindre que la première faite sans l'ordonnance du juge, n'eût été faite avec partialité. Enfin, les experts devaient être au-dessus de toute suspicion; si leurs rapports avaient été dictés par l'inimitié, ou achetés à prix d'argent, on n'y avait aucun égard (3).

Notre code pénal n'a soumis la preuve par experts, à aucunes formalités, à aucunes

(1) Ordonnance de 1670.

(2) L'édit du mois de février 1692, avait créé des chirurgiens-jurés dans toutes les villes pour faire les rapports à l'exclusion de tous autres.

(3) Ordonnance 1737.

règles spéciales. Par la loi du 3 brumaire (1), l'officier de police judiciaire est autorisé à se faire accompagner d'une ou deux personnes présumées par leur art et profession, capables d'apprécier la nature et les circonstances du délit; plus souvent, lorsque les vestiges du délit sont permanents, lorsqu'ils s'agit par exemple d'un faux en écritures, l'expertise se fait sous les yeux des jurés. Dans l'un et l'autre cas, le résultat de l'examen des experts, doit être considéré comme un des principaux fondements de la preuve, puisqu'il fixe la nature du délit, et que, dans bien des cas, les jurés n'ont aucun autre moyen d'en connaître les véritables caractères.

Sur la question de savoir jusqu'à quel point le témoignage des experts doit entrer dans l'appréciation de la preuve, les criminalistes ont admis une distinction fondée sur la diverse nature des délits. Suivant cette doctrine, si le corps de délit est tel qu'on puisse le juger par la seule inspection, comme lorsqu'il sagit de constater l'état d'une blessure, les déclations des experts peuvent être de la plus grande force, parce qu'ils n'ont besoin de recourir alors à aucun raisonnement pour

(1) Article 120.

connaître l'état des faits; elles seraient moins concluantes, s'ils ne se décidaient que d'après les principes et les règles de leur art (1).

Tel est l'esprit de l'institution des jurés, que leur jugement ne doit jamais être déterminé par la conviction intime de la vérité des faits qu'on soumet à leur examen. C'est en conséquence de ce principe que, lorsqu'il s'agit de certains délits qui, pour les bien juger, exigent des connaissances au-dessus du commun, la législation appèle des jurés spéciaux, c'est-à-dire qui sont présumés avoir les lumières nécessaires pour en apprécier les véritables caractères. Mais toutes les fois qu'ils sont réduits à n'en pouvoir connaître la nature que par le secours des gens de l'art, la preuve alors devient plus obscure; les jurés n'ont plus des moyens aussi sûrs pour l'appercevoir; parce que l'intervention des experts est un nouvel intermédiaire qui se place entre eux et la vérité, et qu'alors leur jugement est, jusqu'à un certain point, subordonné à celui que ces experts auront prononcé.

Il est évident que, dans ce cas, la force de la preuve se mesurera principalement sur le plus ou le moins de certitude des règles et des prin-

(1) Jousse. Jul. Clar.

cipes de l'art qui aura servi à l'examen ; et comme en supposant les règles de l'art infaillibles, on peut encore se tromper dans l'application qu'on doit en faire, il sera souvent nécessaire alors que les jurés examinent et les raisons sur lesquelles les experts fondent leurs témoignages, et les moyens qu'ils auront pu employer dans la recherche des faits qu'il s'agira de constater; on voit par là que cette espèce de preuve n'est pas de sa nature d'une telle force, qu'elle n'ait besoin de l'appui de toutes celles que les autres charges de l'accusation pourront d'ailleurs fournir. C'est en comparant le jugement des experts avec la qualité du délit, et spécialement en remarquant la conformité ou la discordance de leurs avis et de leurs opinions, que les jurés parviendront à connaître quel degré d'autorité ils doivent y attacher. C'est sur-tout alors que les témoignages et les indices se prêteront un mutuel secours, soit pour convaincre l'accusé, soit pour le justifier.

Le déplorable exemple des infortunés Calas et Montbailly, que des erreurs et des suppositions, dans des rapports de chirurgiens, conduisirent, de nos jours, à l'échafaud (1),

---

(1) Causes célèbres, tom. V et VII.

démontre assez avec quelle circonspection les jurés doivent recevoir cette espèce de preuves, la seule, néanmoins, qui puisse faire trembler le coupable au milieu des épaisses ténèbres où il cherche trop souvent un vain espoir d'impunité.

CHAPITRE XIII.

Des indices.

LES indices, ce sont toutes les circonstances particulières qui marquent qu'une chose a été faite, ou se fait, ou doit se faire, et qui conduit à la connaissance du fait principal que l'on cherche à découvrir.

La force des indices consiste moins dans leur nombre que dans la connexité qu'ils peuvent avoir avec le fait principal.

Il n'y a, à proprement dire, d'indices certains, que ceux qui se lient nécessairement à l'existence du délit; tels sont les effets qui n'ont pu être produits que par une seule cause: lorsqu'on peut les attribuer à plusieurs causes différentes, il n'en peut résulter que des présomptions, parce qu'on ne peut décider alors avec certitude à laquelle des ces causes ils doivent appartenir.

C'est un défaut très-ordinaire parmi les hommes de juger témérairerment des actions et des intentions des autres, et l'on n'y tombe guères que par un mauvais raisonnement, par lequel on assigne spécialement à une cause un effet, qui peut être le produit de plusieurs autres causes, ou lorsqu'on suppose qu'une cause, qui par accident a eu un certain effet dans une rencontre, doit avoir le même effet dans toutes les autres.

Un écrivain parlera avec véhémence contre une opinion qu'il croit dangereuse ; on l'accusera sur cela de haine et d'animosité contre les auteurs qui l'ont avancée. Mais ce sera injustement et témérairement. Cette véhémence pouvait naître de zèle pour la vérité, aussi bien que de haine contre les personnes.

Un homme aura eu quelques liaisons avec un méchant; donc, conclue-t-on, il est participant de ses crimes. Cela ne s'ensuit pas. Peut-être les a-t-il ignorés, et peut-être n'y a-t-il pas pris de part.

Toutes ces choses extérieures ne sont que des signes équivoques, c'est-à-dire, qui peuvent signifier plusieurs choses ; et c'est juger témérairement que de déterminer ce signe à un objet spécial, sans en avoir de raison particulière.

On peut établir en principe que les indices,

en quelque nombre qu'ils soient, ne forment une preuve complette qu'autant qu'ils atteignent le coupable d'une manière si pressante et si immédiate, qu'ils excluent la possibilité de son innocence (1).

» Il ne faut, dit Blackstone (2), recevoir « en preuve les plus fortes présomptions « qu'avec une extrême méfiance et pré- « caution; car la loi dit qu'il vaut mieux « laisser échapper dix coupables, que de « condamner un innocent; et le chevalier « Mathieu Hale (3), en particulier, donne « deux règles très sages et très nécessaires à « observer; 1° de ne jamais condamner quel- « qu'un comme voleur, parce qu'il ne peut « rendre raison de la manière dont il a acquis « tels ou tels effets, à moins que le vol de ces « effets ne soit actuellement prouvé d'ailleurs; « 2° de ne jamais condamner pour meurtre ou « simple homicide avant qu'on ait trouvé le « corps mort; et il cite à ce sujet deux exemples « d'innocents exécutés pour avoir tué des per- « sonnes, qui étaient encore vivantes, mais « absentes du pays. »

---

(1) Beccaria, ch. 32.

(2) Ch. 27.

(3) Célèbre jurisconsulte anglais, au temps de Charles premier.

Qu'on ouvre les annales judiciaires de tous les peuples, et l'on verra que les jugements téméraires dont a si souvent gémi l'humanité, provienent généralement de cette funeste erreur, qui faisait exclusivement assigner à une cause un effet qui n'en était qu'un indice probable, et que plusieurs autres causes pouvaient avoir également produit. Les exemples de ces cruelles méprises ne sont que trop multipliés ; chaque peuple peut citer les siens : ils sont, pour les hommes investis des redoutables fonctions de jurés, un avertissement continuel de se mettre en garde contre ces préventions inconsidérées qui égarent l'esprit et peuvent incessamment entraîner dans des erreurs qu'il ne serait plus au pouvoir des hommes de réparer.

CHAPITRE XIV.

De la confession.

La confession ou l'aveu du crime ne fait point une preuve complette contre l'accusé ; elle ne sert qu'à corroborer celles qui résultent déja des circonstances du fait ; si elle suffisait pour la condamnation, les jurés, dit Blackstone (1),

(1) Ch. 17.

sur l'aveu clair et simple du crime, n'auraient plus rien à faire qu'à passer au jugement; mais la cour, ajoute-t-il, est ordinairement très-lente à recevoir et enregistrer cette confession; elle avise le prisonnier de se rétracter et de plaider contre l'accusation. »

Il ne doit pas dépendre en effet de la volonté du prévenu de sacrifier sa vie ou sa liberté par des aveux que l'irréflexion, la crainte, l'égarement des sens ou de l'esprit auraient pu lui dicter. La loi, qui stipule pour l'accusé alors même qu'elle provoque contre lui la peine qu'il aurait pu encourir, ne veut point qu'il soit en son pouvoir d'abdiquer le droit de sa propre défense, droit qu'il tient de la nature et qui est antérieur à toute convention sociale; la faveur qui est due à la vie, à la liberté, prévaut ici sur les maximes qui reçoivent leur application dans le cours des affaires purement civiles; aussi est-ce un principe consacré dans la législation de tous les peuples policés, que c'est à la partie publique à faire la preuve du délit dont elle poursuit la punition (1). C'est dans cette vue qu'on a institué des règles et des formes propres à constater légalement les faits qui doivent servir à la conviction des jurés;

(1) Instruction sur la procédure criminelle.

le prévenu n'est tenu dans aucun cas d'administrer les preuves qui pourraient lui nuire (1).

Nos anciennes lois défendaient expressément de faire à l'accusé des interrogations suggestives, c'est-à-dire, celles qui peuvent tendre à lui suggérer ou à lui surprendre l'aveu de son crime; elles voulaient qu'il ne fût interrogé que sur des circonstances qui pouvaient fournir des preuves indépendantes de son aveu. La confession du prévenu était regardée comme non avenue, toutes les fois qu'il l'avait rétractée, sur-tout s'il donnait quelques raisons plausibles de son désaveu. Celle du mineur pouvait être révoquée non seulement par lui-même, mais encore par son père, par son tuteur, ou par ses autres parents; si l'accusé, en avouant qu'il était l'auteur du fait, alléguait que ce n'était point un délit, ou qu'il était *justifiable* par les circonstances, cet aveu ne pouvait suffire pour le condamner, quand même ses moyens d'excuse ou de justification auraient été rejetés.

Blackstone réfute l'opinion de quelques jurisconsultes qui prétendaient que, dans le cas où l'accusé était convenu du fait, si le

---

(1) Blackst., ch. 23.

point de droit avait été jugé contre lui, il devait être jugé sur le fait et exécuté comme s'il eût été convaincu. » Il est évident, dit-il (1), que « si l'accusé, après avoir librement confessé « le fait, s'en rapporte à la cour pour juger si « c'est félonie ou non, et que la cour juge ce « point contre lui, elle ne tiendra pas compte « de son aveu, mais elle l'admettra à la dé- « fense générale et finale qui est de plaider « son innocence absolue; il est vrai que dans « le civil, une méprise sur un point de loi, un « plaidoyer mal dirigé, peuvent faire perdre « un procès; mais quoi qu'on puisse perdre « ainsi sa propriété, la loi ne souffre point « qu'on puisse perdre sa vie ou sa liberté à « si bon marché. Elle accorde à l'accusé toute « sorte de moyens pour se sauver; mais elle « n'en donne qu'un pour le condamner, qui « est la preuve finale du crime par les témoins « et par les voix unanimes des jurés. «

Pour que la confession puisse ajouter à la force des preuves, il faut qu'elle soit certaine et précise, qu'elle ne soit ni équivoque ni obscure; il faut aussi, et c'est le sentiment (2) de Blackstone, qu'elle soit faite en jugement;

---

(1) Blackst. Ch. 27.

(2) Ibid.

car la conviction des jurés ne peut reposer que sur des documents dont ils ne puissent révoquer en doute la certitude; et il n'en est point qui leur présentent ce caractère à un plus éminent degré, que ceux qui résultent des débats et de la discussion contradictoire qui a eu lieu en leur présence. Les déclarations que l'accusé aurait pu faire dans le cours de l'instruction ne seront jamais d'un grand poids, si elles ne sont en concordance avec les faits et les circonstances du délit; ses aveux ne suppléeront point à la faiblesse des preuves, lorsqu'elles seront insuffisantes pour le convaincre; ils deviènent inutiles, toutes les fois que d'autres preuves démontrent qu'il est coupable. (1).

CHAPITRE XV.

Du Corps du délit.

Ce n'est pas tout que de s'être fait une idée quelconque de la nature et de la certitude de la preuve; il est encore important de connaître l'ordre et la marche qu'il faut tenir pour en rassembler les différentes

(1) Beccaria, ch. 7.

branches. C'est ce qu'on appèle l'instruction en matière criminelle ; elle est assujétie à des formes, à des règles qui ont spécialement pour objet de donner à la preuve le plus haut degré de certitude auquel elle puisse atteindre.

La première de ces règles, celle même qui est le fondement de l'instruction criminelle, consiste à constater la réalité et la nature du délit ; c'est ce qu'on appèle, dans le langage des criminalistes, dresser procès-verbal du corps du délit : il serait autrement très-ridicule de poursuivre la punition d'un délit, si l'on n'était auparavant bien assuré de son existence.

» Avant que de poursuivre un délit, dit « M. d'Aguesseau (1), avant que de faire un « procès criminel, avant que de chercher des « coupables, il faut savoir s'il y a un délit : « c'est un fait essentiel, préalable non seule- « ment au jugement et à la condamnation, mais « encore à la procédure même et à l'instruc- » tion criminelle ; quand même l'accusé n'en « demanderait pas la preuve, il est de la « sagesse et de l'équité du juge de l'ordonner, « puisque toute son application doit être de

(1) Plaidoyer, 51.

« donner

» donner du corps et de la réalité à une ac-
» cusation, de ne pas la laisser errer incer-
» tainement dans la bouche des témoins, ou
» vaguer d'une manière encore plus douteuse
» dans le vaste pays des présomptions et des
» conjectures, mais de la fixer, de l'assurer,
» de la déterminer par une preuve certaine
» du délit, qui, montrant le crime à décou-
» vert, ne laisse plus d'obscurité que sur la
» personne qu'on accuse de l'avoir commis ».

Le procès-verbal du corps du délit en fixe les traces fugitives, qui peuvent servir à la décharge ou à la conviction de l'accusé; il empêche non-seulement qu'on n'aggrave l'accusation, mais il prévient jusqu'à un certain point l'exagération et la fausseté de la déposition des témoins; après avoir déterminé les premières préventions, il servira encore à guider les jurés dans les différentes décisions qu'ils auront à porter : car la loi veut que les jurés, tant d'accusation que de jugement, prènent connaissance des procès-verbaux (1) qui ont constaté le corps de délit (2).

(1) Art. 231, loi du 3 brumaire.

(2) Il n'en est pas ainsi des déclarations écrites des témoins, et des interrogatoires écrits de l'accusé; ces pièces ne sont point communiquées aux jurés. *Art. 382, loi du 3 brum.*

Quelle scrupuleuse attention, quelle religieuse impartialité l'officier de police judiciaire ne devra-t-il point apporter dans la rédaction d'un acte qui aura une si grande et si nécessaire influence sur le sort du prévenu ! Il est évident qu'ici aucuns détails ne seront à négliger. Telle circonstance qui serait omise, aurait pu établir la justification de l'accusé ; telle autre qui serait altérée ou dénaturée, pourrait entraîner sa condamnation. La certitude de la preuve sera toujours en raison de l'exactitude et de la précision qu'on aura mises dans l'exposé des diverses circonstances du délit. Si le fonctionnaire à qui la loi attribue le pouvoir de les recueillir et de les constater, est guidé par un tout autre intérêt que celui de l'impartiale vérité, il lui sera aussi facile d'assurer l'impunité au coupable, que d'enlacer l'homme le plus pur dans des pièges auxquels il ne pourra plus échapper.

Dans notre ancienne jurisprudence, toutes les fois qu'il s'agissait d'un crime, il fallait que le juge se transportât lui-même sur les lieux (1) ; le procès-verbal du corps de

---

(1) En Hollande, nul bourgeois ne saurait être arrêté dans sa maison, même pour le forfait le plus atroce,

délit ne pouvait être rédigé qu'en sa présence; il devait être écrit de la main de son greffier. L'assemblée nationale ne jugea pas ces précautions encore suffisantes; elle (1) statua que le juge serait tenu de requérir la présence de deux adjoints pris parmi les notables du lieu où le délit aurait été commis; c'était donner au prévenu des moyens de réclamation toujours efficaces contre les prévarications, ou même contre les erreurs, qui auraient pu aggraver, à son égard, le poids des présomptions. Cette disposition fut renouvelée par le code de 1791 (2); elle ne se retrouve pas dans la loi du 3 brumaire (3), et c'est, comme il est facile de le sentir, une omission qui peut souvent entraîner les inconvénients les plus graves.

---

que tout le corps de la magistrature ne s'y transporte, et n'atteste ainsi solemnellement que l'accusation est réelle, et que l'accusé sera légalement absous ou condamné.

(1) Décrets des 7 et 8 octobre 1789.

(2) Tit. 2, art. 2.

(3) La loi du 3 brum. porte, art. 103, que le juge de paix se fait, au besoin, accompagner d'une ou de deux personnes: ainsi, soit que ce fonctionnaire appèle des témoins, soit qu'il exerce seul son ministère, il est toujours dans les termes de la loi. Le premier caractère d'un

CHAPITRE XVI.

De l'Officier de police judiciaire.

DANS le cas du flagrant délit, ou lorsque le coupable est poursuivi par la clameur publique, tout citoyen est tenu de l'arrêter et de le conduire devant le magistrat : mais le droit de préjuger la force de la prévention par le mandat d'arrêt, n'appartient qu'au fonctionnaire à qui il a été spécialement déféré. La loi le désigne sous le nom d'officier de police judiciaire.

Après que le délit a été constaté, l'officier de police judiciaire recueille les indications sur les individus qui s'en sont rendus coupables, ou qui sont soupçonnés, soit de l'avoir commis, soit d'y avoir participé. Il interroge les prévenus ; il entend, en leur présence (1), et rédige par écrit les déclarations des té-

bon code criminel, c'est la précision. Un code obscur ou diffus, ne peut convenir qu'à la licence ou à la tyrannie.

(1) Si le prévenu est arrêté, lors de la comparution des témoins, ils font leur déclaration, chacun séparément en sa présence. Loi du 3 brumaire, art. 115.

moins qui peuvent avoir connaissance des circonstances du fait : ces explications respectives conduisent à un premier jugement (1), par lequel l'officier de police décide si les présomptions sont assez fondées pour déterminer le mandat d'arrêt, ou si au contraire le prévenu doit être remis en liberté. Ces opérations préliminaires forment la base principale de toute la procédure criminelle ; dès cet instant, l'état du procès est en quelque sorte fixé, tant par les procès-verbaux du corps de délit et les réponses du prévenu, que par les déclarations des témoins, qui pourraient craindre, en les rétractant ou en les changeant dans des points essentiels, de s'exposer aux peines capitales que la loi prononce contre les faux témoignages. De là, la nécessité de ne déférer les fonctions de l'officier de police judiciaire qu'à des hommes dont l'intégrité et les qualités morales puissent rassurer sur les dangers

---

(1) Pour que l'acte qui ordonne l'arrestation d'une personne puisse être exécuté, il faut, 1° qu'il exprime formellement le motif de l'arrestation et la loi en exécution de laquelle elle est ordonnée ; 2° qu'il émane d'un fonctionnaire à qui la loi ait donné formellement ce pouvoir ; 3° qu'il soit notifié à la personne arrêtée et qu'il lui en soit laissé copie. *Const. de l'an 8, tit. 7, art. 77.*

d'une si délicate attribution; car les jurés puiseront les motifs de leur conviction, non pas seulement dans les actes matériels qu'on leur présente, mais aussi dans l'opinion qu'ils se seront formée de l'équité, de l'impartialité qui auront présidé à leur rédaction. Ils n'auraient qu'une idée vague et imparfaite de la preuve, s'ils ne portaient leur attention sur tous les moyens qui la préparent, et spécialement sur les agents qui lui impriment les formes sous lesquelles ils doivent l'appercevoir.

L'assemblée constituante avait réglé avec une circonspection particulière, les limites de cette attribution: elle ne l'avait placée ni dans les mains du pouvoir judiciaire, ni dans celles de la puissance exécutive, de crainte, sans doute, qu'à l'ombre, ou sous l'influence de l'une ou l'autre de ces autorités, elle ne devînt trop redoutable à la liberté, à la sécurité des citoyens : elle la déféra à un mandataire, immédiatement élu par le peuple (1), et la soumit à la sur-

---

(1) Les juges de paix, élus par le peuple, pour exercer le plus doux et le plus consolant des ministères politiques, dans un cercle peu étendu, dont ils connaissent tous les individus, et où ils sont connus de tous, ne sem-

veillance de l'accusateur public, c'est-à-dire, d'un fonctionnaire également promu à son office par les suffrages populaires. Les lieutenants et capitaines de gendarmerie exerçaient, concurremment avec les juges de paix, les fonctions de la police judiciaire, jusqu'à mandat d'arrêt exclusivement.

La loi du 3 brumaire resserra la juridiction des juges de paix dans des bornes plus étroites, soit en chargeant les directeurs de jurys (1) de poursuivre immédiatement un grand nombre de délits (2) qui menacent la sûreté de l'état, soit en ôtant à l'officier de police judiciaire le pouvoir de prononcer définitivement la mise en liberté d'un prévenu (3), alors même qu'il détruirait entièrement les soupçons qu'on a jetés sur lui.

---

blaient-ils pas désignés pour accumuler sur leurs personnes tout ce qui peut rendre la police tranquillisante pour ceux qu'elle protège, respectable pour ceux qu'elle surveille, et rassurante pour ceux qu'elle soumet à son action? *Inst. crim.*

(1) Les directeurs de jury sont des juges pris, tous les six mois et par tour, parmi les membres des tribunaux civils. Ils dirigent toutes les procédures relatives à l'acte d'accusation.

(2) Loi du 3 brumaire, *art.* 140.

(3) L'assemblée constituante avait à peu près donné à nos

La même loi autorisa les commissaires de police à constater les délits par des procès-verbaux, à faire saisir les prévenus pris en flagrant délit, ou poursuivis par la clameur publique, et à les faire conduire devant les juges de paix; mais comme, par le mode de leur nomination, autant que par la nature de leurs fonctions, ces officiers étaient placés sous la dépendance immédiate du pouvoir exécutif, que l'on considérait comme ne devant avoir aucune part active dans les actes qui appartiènent essentiellement à la juridiction criminelle (1), ils ne pouvaient exercer cette attribution (2) à l'égard des crimes soumis à des peines afflictives ou infamantes, que dans les cas où les juges de paix ne se trouvaient pas dans les lieux où les délits de cette nature avaient été commis.

---

juges de paix la même étendue de juridiction qu'ils exercent dans la législation anglaise. S'il paraît clairement, dit Blackstone, qu'il n'y a point de délit, ou qu'il n'y a aucun fondement aux soupçons qu'on a jetés sur le prévenu, le juge de paix est tenu de le décharger totalement de l'acusation. Ch. 27.

(1) Les agents du gouvernement, autres que les ministres, ne peuvent être poursuivis pour des faits relatifs a leurs fonctions, qu'en vertu d'une décision du conseil-d'état. *Const. de l'an 8, tit. 6, art.* 75.

(2) Loi du 3 brumaire, *art.* 36.

Les capitaines et lieutenants de la gendarmerie (1) furent maintenus dans l'exercice des fonctions qui leur avaient été déférées par le code de 1791.

Quelques changements qui puissent survenir dans cette importante partie de la législation, quelque place que l'on assigne à l'attribution de l'officier de police judiciaire, dans l'ordre des pouvoirs qui doivent agir en matière criminelle, il faudra toujours qu'elle présente à la masse des citoyens, et spécialement aux jurés, tous les caractères propres à donner une grande force à l'autorité des actes qui doivent en émaner. Il est clair que cette autorité reposera principalement et sur l'intégrité et sur l'efficace responsabilité (2) des fonctionnaires chargés

---

(1) Loi du 3 brumaire, *art.* 145.

(2) Il serait à desirer que, dans les matières criminelles, le principe de la responsabilité ne pût jamais devenir illusoire. Une loi du 22 vendémiaire an 4, prononce une amende qui ne pourrait être moindre de 500 liv. contre tout juge de paix qui traduirait un citoyen pardevant un directeur du jury pour des délits non spécifiés au code pénal. Il est évident que cette loi a dû rester sans effet depuis que la loi du 3 brumaire a déféré aux directeurs de jury le pouvoir de décider si le délit est de la compétence du tribunal correctionnel, ou si le prévenu doit être traduit devant le jury d'accusation.

de rassembler les divers éléments de la preuve qui doit servir de base au jugement. Combien ils se rendraient coupables s'ils trahissaient la confiance nécessaire et presque illimitée que la loi leur accorde, si, par les fausses couleurs, sous lesquelles il leur est si facile de représenter l'état du procès, ils égaraient la conscience des jurés, dont ils doivent être les premiers et les plus sûrs guides! Sans doute, leurs pouvoirs auront été départis et circonscrits (1) avec une telle

(1) Au moment où l'on imprimait cet écrit, le gouvernement proposait au corps législatif d'établir près le tribunal civil de chaque arrondissement communal un officier spécialement chargé de faire tout ce qui, jusqu'à ce jour, avait été attribué aux juges de paix, comme officiers de police judiciaire. Suivant le projet de loi, cet officier serait nommé par le premier consul, et révocable à sa volonté : les juges de paix resteraient néanmoins chargés de dénoncer les délits à l'officier de police, le tout concurremment avec les maires et adjoints, les commissaires de police, et les officiers de la gendarmerie. S'il n'était question que de livrer des coupables aux tribunaux, peu importerait de quel moyen on se servît, pourvu que le crime ne restât pas impuni; mais les fonctions relatives à la police judiciaire ont des ramifications si étendues, elles se lient par des rapports si intimes et si multipliés avec les principes sur lesquels repose la liberté publique et individuelle, l'officier, constitué juge de la

sagesse, que jamais ils ne puissent avoir rien d'alarmant pour le citoyen qui se conforme paisiblement aux lois. Ce n'est point aux jurés à décider si les moyens que la législation aura pris à cet égard, sont les plus propres à atteindre le but qu'elle se propose : les jurés ne jugent point les lois, mais ils en apprécient les effets et les résultats ; ils ne sanctionnent point par des décisions inconsidérées les abus et encore moins les prévarications que leur inexécution ou leur imprévoyance auraient pu faire naître. Telle est l'éminente prérogative de cette sorte de magistrature suprême, dont les jurés sont quelques instants investis, qu'il n'est aucune sorte d'oppression à laquelle elle ne puisse opposer une barrière toujours insurmontable. C'est ce qui fait dire à Blackstone que, chez toute nation à qui sa liberté civile n'aurait point encore été ravie, l'institution des jurés devait, dans tous les temps, en être

---

prévention, a souvent tant de passions, tant d'intérêts contraires à combattre ou à concilier, les actes qu'il rédige, ont une influence si grande et si nécessaire sur le sort du prévenu, alors même qu'il ne semble plus appartenir à sa juridiction, que la législation ne saurait apporter une trop sérieuse attention sur le choix des hommes à qui cette attribution sera déléguée.

considérée comme le plus sûr boulevard. Entendons-le parler lui-même.

« Les libertés de l'Angleterre, dit-il, sub-
» sisteront aussi long-temps que ce *palladium*
» sera sacré (1), et à l'abri non seulement
» des attaques ouvertes, (et qui est-ce qui
» oserait à visage découvert?) mais encore
» des machinations secrètes pour le miner
» sourdement, en introduisant de nou-
» velles formes de jugement contraires au
» véritable esprit de la justice. Qu'on ne
» dise pas que des formes arbitraires sont
» plus promptes et par conséquent plus con-
» venables : plus promptes, elles seraient
» sans doute plus convenables, si la justice
» n'en souffrait pas. N'oublions jamais que
» les délais et d'autres légers inconvénients,
» dans notre forme de justice, sont le prix
» que tout peuple libre doit payer pour
» sa liberté dans les matières capitales. N'ou-
» blions pas que les plus petites atteintes à
» cette partie de notre constitution, l'ébran-
» leraient bientôt jusque dans ses fondements,
» et que, paraissant d'abord fort peu de chose,
» elles pourraient devenir assez considérables

---

(1) Blackst. ch. 27.

» pour faire disparaître les jurés dans les » causes du plus grand intérêt. »

CHAPITRE XVII.

Du Cautionnement.

ON s'assure de la personne du prévenu, pour qu'il ne puisse se soustraire à la peine qu'il a pu encourir. Cette disposition de la loi n'admet aucune exception dans tous les cas où le délit est soumis à l'application des peines qui sont tout à la fois infamantes (1) et afflictives.

La législation anglaise, moins rigoureuse que la nôtre sur ce point, comme sur beaucoup d'autres, spécifie (2) avec précision les cas qui admettent ou excluent la faculté de donner caution. Il en est plusieurs dont on laisse la décision aux juges de paix. La classe des cautionnables renferme toutes les

---

(1) La loi distingue les peines infamantes des peines afflictives. Elle admet au cautionnement, lorsqu'il s'agit d'un délit punissable par une peine infamante; elle le refuse, lorsque la peine peut être afflictive. Loi du 3 brumaire, *art.* 222.

(2) Blackst. *ch.* 22.

personnes de bonne renommée, chargées seulement de soupçons de simple homicide, ou homicide justifiable, de petit larcin et de quelques autres félonies qui ne sont point rangées dans la classe des délits non cautionnables. Enfin, la cour (1) du banc du roi, ou quelque juge de cette cour, a le pouvoir, pendant les vacances du parlement, de recevoir caution pour quelque crime que ce soit, fût-ce la trahison ou le meurtre, selon les circonstances de l'accusation.

Je pourrais ajouter qu'à Rome et à Athènes les plus grands criminels jouissaient d'une entière liberté durant toute l'instruction du procès; mais, sans qu'il faille nous reporter aux institutions et aux usages qui se pratiquaient dans ces républiques anciennes, où, sur toutes les parties de la législation (2), l'on avait des idées et des principes si différents de ceux que nous avons cru devoir adopter, ne peut-il pas, dans nos formes

(1) C'est le nom qu'on donne au premier tribunal criminel d'Angleterre.

(2) A Rome, la peine des plus grands crimes était, pour les citoyens, le bannissement du territoire; si les esclaves commettaient le plus léger délit, ils étaient précipités de la Roche Tarpéïène. *Esprit des Lois.*

d'organisation sociale, se trouver souvent (1) des cas où il n'y aurait nul risque à laisser au prévenu sa liberté, en lui faisant donner caution qu'il reparaîtra quand il sera sommé de répondre aux charges de l'accusation? La faiblesse des présomptions, la bonne réputation du prévenu, la consistance et la considération dont il jouirait dans la société, ne pourraient-elles pas souvent rassurer contre la crainte qu'il ne tentât de se soustraire au jugement par la fuite? Et s'il refusait d'obtempérer aux appels du tribunal, n'aurait-il pas toujours à redouter le jugement par contumace, dont les effets, tant qu'il n'est point abrogé, ne sont guère moins rigoureux que ceux de la véritable condamnation? L'on doit croire que les magistrats, auxquels on remettrait le pouvoir d'admettre le prévenu au cautionnement, auraient assez de discernement et de lumières pour n'en user qu'avec une sage circonspec-

(1) Quoique le cautionnement pour de grands crimes puisse favoriser le coupable pour éluder la justice, cependant il y a des cas, rares à la vérité, où il serait dur et injuste d'emprisonner un citoyen de bonne réputation, tout soupçonné qu'il serait d'un délit très-grave. *Blackst. ch.* 17.

tion, en sorte qu'il ne pût jamais servir à favoriser l'impunité, ou à fournir de nouvelles armes à l'audace du crime.

L'égalité politique consiste moins à faire tout plier sous le poids d'une législation impitoyable, qu'à adoucir pour tous, selon les temps, les lieux, les circonstances, l'amertume de ces communes misères que la nature nous réserve dans la courte durée des jours qu'elle nous a départis.

L'esprit de modération, dit Montesquieu, doit être celui du législateur; le bien politique comme le bien moral se trouve toujours entre deux limites (1).

Quoique le titre de ce chapitre n'appartiène point directement à mon sujet, on me pardonnera d'avoir présenté ces réflexions, si elles peuvent contribuer à faire tempérer l'extrême rigueur que je crois appercevoir dans cette partie de notre législation.

(1) Esprit des Lois, liv. 3, ch. 1.

CHAPITRE

CHAPITRE XVIII.

De l'Acte d'Accusation.

L'HOMME ne peut jouir des avantages de la société, qu'en renonçant à une partie de sa liberté; ce sacrifice n'a rien de pénible, parce qu'il est réciproque entre chacun des membres du corps social, et qu'il est le prix de la protection constante que les lois assurent à tous; mais il en est un autre bien plus rigoureux auquel il faut qu'il se soumette encore, c'est celui d'une partie de sa sûreté personnelle: quelles que soient les précautions que prène la législation, il n'est point en son pouvoir d'écarter entièrement les inconvénients qui tiènent à la nature même du pouvoir judiciaire, et elle n'empêchera jamais que l'arbitraire n'ait toujours plus ou moins de part dans les décisions que des jurés, c'est-à-dire des hommes, auront à prononcer: tout ce qu'elle pourra faire, ce sera de chercher à diminuer les dangers inséparables de cette institution, en éloignant, le plus possible, l'instant où le sacrifice le plus alarmant pour le citoyen, doit se consommer; celui qui va faire dépendre des lumières incertaines de la conscience de ses semblables, la perte ou la conservation de ses droits les plus chers.

L'arrestation du prévenu peut être l'ouvrage de l'intrigue, de la violence, d'un abus d'autorité (1) : la loi n'a point voulu que, sur une prévention inconsidérée, sur des suspicions vagues, il pût être légèrement exposé à subir l'appareil d'une procédure criminelle. Elle lui a donné alors des moyens toujours prompts et faciles de recouvrer sa liberté : avant qu'il puisse être traduit en jugement, un jury d'accusation décide, non s'il est coupable, mais si le délit qu'on lui impute est de nature à mériter l'instruction d'un procès-criminel, et s'il y a déjà des preuves suffisantes à l'appui de l'accusation.

Dans le plan que je me suis tracé, je n'ai point à examiner jusqu'à quel point les présomptions doivent être fondées, pour qu'elles puissent déterminer l'admission de l'acte d'accusation ; les motifs qui ont fait instituer les jurys d'accusation, indiquent assez quels sont les principes qu'ils ont à suivre pour remplir l'intention de la loi (2): il me suffira d'ob-

---

(1) Instruction sur la procédure criminelle.

(2) Ce ne sont plus de simples soupçons, mais de for-

server avec Blackstone, qu'ils doivent être entièrement persuadés que l'accusation est fondée, autant que leurs lumières peuvent s'étendre, et ne pas s'en rapporter à des probabilités éloignées, dans la crainte qu'à leur insçu ils ne deviènent les aveugles instruments de l'intrigue ou de l'oppression. Mais comme la prévention, lorsqu'elle est fortifiée par une décision du premier jury, ne peut manquer d'avoir toujours quelque influence sur l'effet que la preuve doit produire dans l'esprit des jurés de jugement, il est nécessaire, pour qu'elle ne prène point trop d'empire, de porter son attention sur la méthode d'examen que la loi prescrit dans cette première épreuve; car la force des présomptions qui ont fait admettre un acte d'accusation, doit se mesurer, en grande partie, sur la nature et la latitude des moyens qu'auront eus les jurés pour apprécier la certitude des faits sur lesquels ils ont prononcé.

---

les présomptions, mais un commencement de preuves déterminantes, qui doivent provoquer la décision des jurés pour l'admission de l'acte d'accusation; *instruction sur la procédure criminelle.*

CHAPITRE XIX.

Comment nos lois diffèrent de la législation anglaise dans l'acte d'accusation.

C'EST de la législation anglaise que nous avons emprunté toutes nos nouvelles institutions en matière criminelle. Nous aurons donc une idée assez exacte des formes et de la méthode d'examen que suivent nos jurys d'accusation, si, en les comparant avec celles adoptées par cette législation, nous recherchons les points où elles paraissent le plus essentiellement différer entre elles. Je ne sonderai point les motifs qui ont pu nous faire prendre, pour arriver à un même but, une route si éloignée de celle que nos voisins nous avaient tracée. Dans la tâche que je me suis imposée, je ne dois m'arrêter qu'aux résultats.

1°. Dans la législation anglaise, toutes les fois qu'il s'agit d'un crime capital, l'affaire est soumise d'abord à l'examen d'un grand jury, dont la liste comprend au moins douze jurés, et jamais plus de vingt-trois, afin que douze puissent former une majorité (1); car la loi, dit Blackstone, s'environne d'une si grande circonspection, lorsqu'il s'agit de la vie ou de la liberté des citoyens, que personne ne peut être convaincu d'un crime capital, que par les voix unanimes de vingt-quatre de ses pairs (2), pris dans le voisinage, c'est à-dire en première instance, par douze grands jurés au moins (3), qui tous assurent la léga-

---

(1) Suivant le droit coutumier, le coupable saisi en flagrant délit, était jugé sur-le-champ, sans accusation régulière; mais cette manière de procéder a été abolie par différents statuts; les délits qui tendent à troubler et à mettre en danger le gouvernement, sont à-peu-près les seuls qui se poursuivent aujourd'hui directement et sans accusation préalable, devant le tribunal du banc du roi. Blackst. ch. 23.

(2) Ils doivent être francs-tenanciers, c'est-à-dire propriétaires de biens-fonds qui ne payent aucune redevance seigneuriale.

(3) Ce nombre, ainsi que la constitution elle-même, se trouve dans les lois du roi Ethelred : *Exeant seniores duodecim et præfectus cum eis, et jurent super sanctuarium, quòd nolint ullum innocentem accusare, nec aliquem noxium celare* : appelez douze vieillards; qu'ils s'adjoignent un chef, et qu'ils jurent sur le sanctuaire qu'ils n'accuseront point l'innocent, et qu'ils n'excuseront point le coupable. Cette constitution remonte au 8e siècle.

lité de l'accusation, et ensuite par la même unanimité des petits jurés qui, après le procès fait, déclarent l'accusé coupable.

Nos jurys d'accusation ne sont composés que de huit citoyens (1) ; cinq votes suffisent pour qu'il y ait lieu à accusation. En admettant que les deux législations ayent composé leurs jurys d'hommes également probes, également éclairés, le prévenu qui n'aurait été arrêté que sur des soupçons mal fondés, ne trouverait-il pas plus de motifs de sécurité dans

(1) Art. 209, loi du 3 brumaire. On a paru craindre que si on donnait une plus grande solemnité à cette épreuve préparatoire, le prévenu ne parvînt à connaître les témoins à charge, et qu'il ne tentât de les suborner. Mais les témoins devant l'officier de police, ne sont-ils pas toujours entendus en présence du prévenu, lorsqu'il est arrêté? Ensuite, si l'on redoute tant la subornation de la part de l'accusé, pourquoi ne pas la craindre aussi de celle de l'accusateur ? Croit-on que la haine, l'animosité, la rage de la vengeance ne soient pas aussi actives, aussi entreprenantes que le soin de la propre conservation? Ce n'est pas tout que d'avoir le dessein de suborner des témoins, il faut encore en avoir la facilité et les moyens ; or, qui sera plus séduisant pour eux ou de l'accusateur, qui a l'air d'être le puissant, et qui quelquefois est l'oppresseur, ou de l'accusé, plongé souvent au fond d'un cachot ! ! Trouvera-t-il beaucoup de gens qui soient tentés de venir partager son sort ? De quoi, la plupart du temps, leur payerait-il un si grand sacrifice ?

celle qui exigera une plus grande majorité de suffrages pour valider l'accusation? Un jury plus nombreux n'apporterait-il pas une plus grande masse de lumières dans la discussion des faits? Ne serait-il pas plus indépendant dans ses opinions, plus à l'abri de toute influence contraire aux intérêts de la vérité?

2°. La législation anglaise permet au prévenu de contester les enquêtes, c'est à-dire qu'elle lui donne le droit d'éclairer ses jurés sur les faits qui peuvent le justifier; dans cette manière de procéder, si le prévenu ne parvient point à écarter la forcedes présomptions, c'est que déjà elles doivent avoir presque tous les caraotères d'une preuve acquise.

Chez nous on interdit au prévenu tous moyens de défense devant le jury d'accusation. Le directeur du jury l'interroge secrètement avant qu'il ait eu communication d'aucune des pièces du procès. Tous les témoins à charge, la partie plaignante ou le dénonciateur, sont les seuls qui puissent être entendus par les jurés. (1)

(1) Au moment où cet écrit allait paraître, le gouvernement proposait au corps législatif de substituer devant le jury d'accusation, les dépositions écrites à l'audition des témoins.

Quels guides auront donc nos jurés d'accusation dans la recherche des faits qu'il leur importe de connaître? Une instruction toute à la charge du prévenu, puisqu'on n'informe jamais que sur les faits qui font la matière de l'accusation, et non point sur ceux qui leur sont contraires ou opposés; des procès-verbaux où la vérité peut avoir été altérée de mille manières; des témoins presque toujours produits par l'accusateur ou le dénonciateur, qui peuvent être trompés ou trompeurs, séduits par leur crédulité, séducteurs par leur prévarication. De tels documents peuvent bien donner lieu aux présomptions, mais jusqu'à ce que le prévenu ait été entendu dans sa défense, il est clair qu'ils ne sauraient être d'un très-grand poids dans l'appréciation de la preuve.

3°. La législation anglaise ne sépare jamais le fait de l'intention. Ainsi, dans la trahison, il faut exprimer *traîtreusement*, *et contre la fidélité jurée*; dans l'accusation de meurtre, il est nécessaire d'articuler que le délinquant a tué *meurtrièrement*, et non qu'il a tué simplement ou mis à mort un tel. Les jurés sont tenus de juger tout-à-la-fois et le fait et l'intention, et cela est fondé sur la nature de la chose; car il ne peut y avoir de crime que là où l'intention se joint au fait. Qu'est-ce qu'un fait? C'est une chose, une action qui a été commise, un homicide par exemple. Pour en connaître la pleine vérité, il ne suffit pas d'en découvrir l'auteur; il faut encore savoir quels sont les motifs qui l'ont porté à le commettre; si c'est de propos délibéré ou à son corps défendant: il faut donc examiner le fait et l'intention, pour porter un jugement sur l'accusation.

La loi du 3 brumaire porte que l'acte d'accusation expose le fait et toutes ses circonstances (1) et que la nature du délit y est déterminée avec le plus de précision qu'il est possible.

A ne considérer que les termes dans lesquels cette loi est conçue (2), il semblerait que les jurés d'accusation n'ayent à former leur opinion que sur le fait, sans qu'ils soient tenus de rechercher l'intention qui l'a fait commettre. Dans combien d'occurrences cependant les actions les moins repréhensibles

---

(1) Art. 229.

(2) Le code de 1791 voulait qu'il fût dit dans l'acte d'accusation que le délit avait été commis méchamment et à dessein; tit. premier, art 15.

ne pourraient-elles pas être travesties en crimes, si on les séparait de l'intention qui les a produites?

D'un autre côté, la même loi du 3 brumaire (1) interdit aux jurés d'accusation le droit d'examiner si le fait est qualifié crime par le code pénal; toute leur juridiction se borne à décider si les probabilités sont assez fondées pour que le prévenu soit traduit en jugement; le directeur du jury juge seul la nature du délit (2); il décide seul à quel tribunal il appartient d'en connaître; les déclarations des jurés d'accusation dépendront donc toujours en grande partie des lumières et de l'intégrité du directeur du jury, soit parce qu'il est seul juge de la compétence, soit parce que les divers interrogatoires du prévenu ne peuvent donner qu'à lui seul la connaissance de toutes les circonstances propres à faire bien juger les charges résultantes des pièces ostensibles du procès (3).

---

(1) Art. 241.

(2) Art. 219, loi du 3 brumaire.

(3) Une des conséquences presqu'inévitables de l'acte qui met le prévenu dans les liens de l'accusation, c'est de lui ôter souvent les moyens de compléter sa justification. Il est, par exemple, telle circonstance que l'officier de police négligera de constater, ou qui lui échap-

Cependant il ne faut pas oublier que cet examen préparatoire n'a été institué qu'en faveur du prévenu, et l'on concevra sans peine qu'il ne doit point devenir une vaine formalité, si l'on réfléchit à l'impression profonde que peut toujours faire dans l'esprit des jurés de jugement, l'autorité d'une accusation sanctionnée par la décision d'un premier jury. Il est trop vrai que des préjugés créés par les vices de nos anciennes législations criminelles ont tellement perverti nos idées, qu'accusé et coupable sont devenus des mots presque synonimes dans notre langage (1), et nous savons tous ce que sont les hommes. Une fois qu'une opinion ou un

---

pera, qui, si l'accusé pouvait la faire remarquer à temps, serait décisive pour sa justification; le pourra-t-il, lorsqu'à la fin de l'instruction toutes les traces du délit auront disparu ? Aujourd'hui l'accusé trouverait des témoins favorables à son innocence, qui, dans six mois, dans un an, ou ne se souviendront plus des faits, ou auront été séduits par l'accusateur, ou s'en seront allés dans les pays lointains, ou seront enlevés par la mort.

(1) La législation anglaise n'inflige aucune peine à celui qui serait accusé, même du plus grand crime, avant qu'il ait été convaincu. Chez nous le premier effet de l'acte d'accusation admis par le jury, c'est de dépouiller l'accusé de tous ses droits de citoyen ; il ne

préjugé s'est emparé de notre intelligence, combien n'est-il pas difficile ensuite à la raison d'y reprendre son empire? Comment des faits justificatifs qui ne sont point encore prouvés et qui dans cet état ne paraisssent que de vaines allégations, pourront-ils soutenir le parallèle avec une accusation soutenue d'une preuve séduisante! Ne sera-t-on pas le plus souvent porté à ne les considérer que comme des moyens imaginés par l'accusé pour éluder ou éloigner sa condamnation? Combien il lui faudra d'efforts pour vaincre la défaveur et la défiance, qui s'attacheront à tout ce qu'il pourra dire pour sa défense?

J'ai dû présenter ces réflexions, parce qu'il est nécessaire que les jurés qui auront à prononcer définitivement sur le sort de l'accusé, ayent une idée précise de l'état de la

---

peut plus être jugé par ses pairs, c'est-à-dire par des hommes dont il partage les droits; il ne doit plus paraître devant les jurés de jugement que dans l'attitude humiliante d'un homme déjà flétri en quelque sorte par une condamnation anticipée. Dans les anciennes républiques la privation des droits de cité était réputée la peine la plus grave, et elle ne sera point une peine légère, par-tout où l'on voudra mettre en honneur le titre qui les confère.

preuve au moment où on la soumet à leur discussion. Mais dans un pays, où, comme l'observe Montesquieu, les formalités de la justice criminelle sont elles-mêmes des punitions, le premier soin, ou plutôt le premier devoir de la législation, sera de prendre les mesures les plus sages, pour que les citoyens ne soient pas inconsidérément exposés à un jugement toujours redoutable pour l'accusé, quelque confiance que son innocence puisse lui inspirer. Ce serait confondre les véritables rapports des choses, que de placer dans les formes qui conduisent à la preuve du crime la terreur qui ne doit jamais se montrer qu'après la conviction. Il ne faut pas que les citoyens ayent autant à craindre des lois protectrices de leur liberté, que des désordres qu'elles doivent réprimer; quelque modération qu'on ait mise dans les peines, la législation n'aura point encore atteint son but, si, en resserrant l'empire de l'arbitraire dans les limites les plus étroites, elle ne parvient à mettre les jurés à l'abri de ces trop funestes méprises dans lesquelles les dangers inséparables de toute institution judiciaire peuvent à chaque instant les entraîner.

CHAPITRE XX.

Du Jugement.

Ce n'est point assez que les procédés employés pour acquérir et rassembler les différentes parties de la preuve réunissent les conditions nécessaires pour fonder une accusation ; avant que l'accusé puisse être soumis aux peines que la loi prononce, il faut encore que la preuve soit reconnue et vérifiée suivant les formes qu'elle a prescrites. Ici commence le ministère des jurés de jugement : ministère redoutable et sacré ! car, si d'une part ils tiènent pour ainsi dire dans leurs mains tous les droits civils et naturels de l'accusé, de l'autre, ils ne doivent point oublier que la garantie du lien social repose toute entière sur la sagesse des décisions qu'ils auront à porter.

Un jugement criminel présente deux choses principales à considérer : 1° la nature des faits qui peuvent en être l'objet ; 2° les formes dans lesquelles il est rendu, ou, ce qui est la même chose, la méthode que suivent les jurés pour la solution des questions diverses qui leur sont soumises. Nous traiterons d'abord de ce qui a rapport aux faits ; car c'est dans les faits que résident principalement et la force de l'accusation, et l'efficacité des preuves. Appelés pour décider si l'accusé est coupable ou non, il importe que les jurés de jugement ne se méprènent point sur les véritables caractères auxquels la loi, dans un fait qu'elle prohibe, attache l'idée d'un crime contre lequel elle doit sévir.

CHAPITRE XXI.

De la Moralité des faits.

Un fait ne renferme en lui-même ni mérite ni démérite ; ce qui le rend criminel, ce sont les circonstances de volonté, de provocation, d'intention, de préméditation, qui l'accompagnent. Une belle action acquiert d'autant plus de droit à notre estime, qu'elle a été produite par des motifs et plus purs et plus nobles; de même, la criminalité d'un acte contraire à la loi, s'aggrave ou s'affaiblit selon qu'il y a eu plus ou moins de perversité dans l'intention de celui qui l'a commis : il peut y avoir dans la moralité d'un fait autant de nuances différentes qu'on peut en concevoir entre un forfait atroce et un acte légitime.

Dans l'ordre des lois qui infligent les peines capitales, il était donc nécessaire que la législation traçât avec précision les caractères de moralité intentionnelle auxquels les jurés doivent reconnaître la culpabilité de l'accusé; car, pour l'application de la peine, il ne suffit pas que le fait à juger soit un délit spécifié par le code pénal, il faut encore que la criminalité de l'intention se manifeste, soit par l'acte lui-même, soit par les circonstances qui l'ont accompagné. L'accusé a-t-il commis le crime méchamment et à dessein? C'est à ces caractères que la loi (1) reconnaît cette dépravation intentionnelle, qui ne doit plus laisser au coupable aucun espoir de se soustraire à la condamnation.

Dans un délit commis méchamment et à dessein, on apperçoit, d'une part l'intention, le projet de nuire à autrui; de l'autre, des mesures prises et concertées pour en consommer l'exécution. La loi punit moins alors le fait lui-même, que la perversité d'intention qui l'a produit ou préparé.

---

(1) Loi du 3 brumaire. Art. 397.

Il suit de là qu'il n'y a pas de crime, toutes les fois qu'il n'y a eu ni volonté ni intention de le commettre : 1° le défaut de volonté peut avoir pour cause la faiblesse de l'âge(1) ou les vices des organes intellectuels ; un enfant au-dessous de l'âge de raison, un idiot, un lunatique (2), n'agissent point avec ce discernement qui indique l'assentiment d'une volonté libre (3).

(1) Si l'accusé a commis le crime pour lequel il est poursuivi, avant l'âge de seize ans accomplis, le tribunal soumet au jury la question de savoir si le crime a été commis avec ou sans discernement; si elle est décidée négativement, l'accusé est acquitté; cependant le tribunal peut, selon les circonstances, le rendre à ses parents, ou le condamner à une détention qui ne peut excéder l'époque à laquelle il aura atteint l'âge de vingt ans. S'il est déclaré coupable, la peine peut être commuée. *Loi du 3 brum., tit. 5, art. 1.*

(2) C'est une folie à temps, une alternative de démence et de raison.

(3) Le principe de ces deux cas est que le fou est puni par sa propre folie. *Furiosus ipso furore punitur.* Nulle peine pour l'un et pour l'autre, pas même pour crime de trahison; de même si un homme, dans son bon sens, commet un délit capital, et qu'avant d'être cité il tombe en démence, la citation ne peut plus avoir lieu, attendu qu'il est hors d'état de répondre; et encore, si la démence ne vient qu'après qu'il a répondu, la procédure cesse; et enfin, si la folie ne se montre qu'après

2°. Plus souvent le défaut de volonté se reconnaît par les circonstances du fait : la volonté n'a point de part dans un acte qui n'aurait été produit que par un simple accident, ou par un malheur que la prudence humaine ne pouvait prévoir.

On range dans la même classe les délits qui ne pourraient être attribués qu'à l'ignorance ou à une méprise. Dans les cas d'exposition de fausse monnaie, d'usage d'un écrit faux, d'un recelé d'objets volés, l'on n'est point coupable, si l'on ignorait que les monnaies, que les écrits étaient faux, que les effets eussent été volés ; il n'en serait pas de même si l'ignorance ou la méprise se trouvaient, non dans le fait, mais dans un point de la loi ; par exemple, si l'on commettait un délit dans la fausse persuasion que la loi ne l'a point prohibé (1) : une erreur dans la loi, ou même l'ignorance de la loi, que tout le monde peut et doit connaître, ne peuvent justifier l'action. Mais, pour que les citoyens ne puissent s'excuser sur l'ignorance, il est nécessaire que

---

la sentence de mort, l'exécution doit être suspendue, car peut-être, dit la loi, s'il était dans son bon sens, alléguerait-il quelque chose pour sa défense. *Blackst.*, *ch.* 24.

(1) Blackstone, ch. 11.

les lois soient écrites d'un style simple, précis et à la portée de l'intelligence la plus commune; autrement il faudrait souvent imputer aux lois elles-mêmes les délits qu'elles auraient à punir.

3°. Le défaut de volonté se montre encore plus à découvert, lorsqu'elle est forcée; et comme les peines ne sont établies que contre l'abus de la liberté, il est juste d'excuser les délits qui ont pour cause une force irrésistible.

Blackstone assimile à cette espèce la contrainte qui serait accompagnée de menaces si redoutables, qu'elles pourraient ébranler l'homme courageux : ainsi, dans un temps de guerre ou de rébellion, tel à qui la loi pardonnerait d'avoir cédé à la violence, en suivant les drapeaux des ennemis ou des rébelles, cesserait d'être excusable, s'il n'obéissait à la voix du devoir, du moment que sa volonté peut agir.

La législation anglaise reconnaît une autre sorte de contrainte, fondée sur le lien de la subordination domestique. En général la femme est affranchie de la peine, lorsqu'auteur ou complice d'un crime même capital, elle peut être présumée n'avoir agi que par l'ordre exprès ou implicite du mari. La dépendance civile, dit Blackstone, sous laquelle la femme est placée à l'égard du mari, doit faire croire qu'elle n'a agi que par contrainte, et non par l'impulsion d'une volonté propre; cette sorte d'indulgence légale ne s'étend ni aux enfants ni aux domestiques, quelle que soit la nature du délit, et à quelqu'autorité qu'ils ayent obéi. Dans le continent du nord, toutes les fois qu'un homme libre commettait un crime de concert avec sa femme ou son esclave, la loi punissait le maître, la femme ou l'esclave étaient renvoyés absous; mais dans nos constitutions modernes, la loi ne connaît point d'esclaves. Un domestique à gages est aussi maître de ses actions que celui à qui il vend ses services. A l'égard de la femme, la législation anglaise distingue les crimes contraires à la loi naturelle, tels que le meurtre et autres forfaits semblables, de ceux qui n'enfreignent que les conventions sociales; au premier cas, la loi civile n'excuse pas la femme qui aurait concouru à l'acte avec le mari; car ni les règles de la sujétion civile, ni les devoirs de la subordination domestique ne sauraient prévaloir sur les droits que les hommes ne tiènent que de la nature; dans le second cas, la femme n'est point soumise à l'application de la peine;

mais elle ne jouirait pas du même privilège, s'il s'agissait du crime de trahison, non seulement parce que ce crime est le plus désastreux dans ses effets, mais encore parce que la femme ne doit plus reconnaître l'autorité de son mari, du moment que celui-ci a osé abjurer la fidélité qu'il devait à l'état. La femme peut être coupable dans toute l'extension de la loi, lorsqu'elle agit seule, c'est-à-dire, hors la présence et sans la participation de son mari (1); Blackstone remarque que cette législation est en vigueur en Angleterre depuis plus d'un siècle (2).

On a demandé si le défaut de volonté dans un homme ivre, au moment du crime,

---

(1) Dans les délits de peu de conséquence, par exemple, si la femme tenait une maison de débauche, elle serait aussi punissable que le mari qui l'aurait souffert, parce qu'en cela elle commet une offense contre le gouvernement économique de sa propre maison, dont, par son état de femme, elle est spécialement chargée, et que d'ailleurs ces sortes de débauches sont toujours présumées par la loi être conduites par les femmes seules. *Blackst.*, *ch.* 22.

(2) Elle se trouve consignée dans les lois d'Ina, roi des Saxons. *Blackst.*, *ch.* 22. Tout ce passage se trouve tronqué dans la traduction de l'abbé Coyer. (*Voyez l'original, édition d'Oxford.*)

pouvait l'excuser devant la loi. Cette question a été diversement résolue par la législation des divers peuples tant anciens que modernes. La loi romaine remettait la peine de mort à celui qui aurait commis un crime capital dans l'ivresse. Pittacus (1) attachait deux punitions au crime commis par un homme ivre; une pour le crime même, l'autre pour l'ivresse qui l'avait causé. La loi anglaise a considéré que le défaut de volonté produit par l'ivresse était une excuse trop faible en elle-même, quand elle serait réelle, et toujours trop facile à contrefaire ou à imiter, pour qu'elle dût soustraire le coupable à la peine qu'il aurait encourue. Un ivrogne, dit Edward-Coke (2), est un démon volontaire qui est responsable de tout le mal qu'il peut faire dans la chaleur du vin.

4° Le même fait matériel peut quelquefois changer de caractère, suivant qu'il a été produit par des intentions différentes.

Un homicide, par exemple, n'est point un acte criminel, lorsqu'il a été commis par la nécessité d'une légitime défense, ou par un pur accident; il peut être répréhensible,

(1) Pittacus avait fait des lois pour un pays où l'ivrognerie était contraire à la nature du climat. Mont. liv. 6, ch. 21.

(2) Célèbre jurisconsulte anglais, au temps de la reine Elisabeth.

lorsqu'il a été l'effet d'une imprudence; il devient un délit punissable, lorsque la volonté se joint au fait, quoique la gravité du crime puisse alors être atténuée par les circonstances de la provocation; c'est un forfait atroce, lorsque le coupable n'a consommé le crime qu'après qu'il en a conçu le dessein, concerté les moyens, épié le moment de l'exécution.

Il eût été difficile à la législation de spécifier toutes les nuances de criminalité qui peuvent se rencontrer dans chaque espèce de délits, parce qu'elles varient suivant la diversité infinie des formes sous lesquelles les mêmes délits peuvent sans cesse se reproduire. Tout ce qu'elle pouvait faire, c'était d'indiquer les principaux signes auxquels les jurés pourront reconnaître le caractère du crime. C'est donc à ce point capital de toute procédure criminelle qu'ils doivent rapporter les divers documents que les faits et les preuves auront pu leur fournir; ici, nos lois ne mettent aucunes restrictions aux pouvoirs qu'elles leur ont délégués; mais de combien de lumières et de discernement n'auront-ils pas besoin dans cette partie si délicate et si importante des fonctions qu'ils ont à remplir! Comment pourront-ils assigner à une accusation le caractère qui lui est propre, s'ils ne descendent en quelque sorte dans la conscience de l'accusé? si, franchissant le cercle des faits positifs, ils ne recherchent souvent dans la moralité de l'homme lui-même celle des motifs qui l'ont fait agir? Lorsqu'il s'agit de juger la moralité d'un fait, loin que l'équité puisse jamais être séparée de la justice, il est évident qu'elle doit au contraire toujours lui servir de guide; l'équité empêchera que le glaive de la justice ne frappe au hasard, parce qu'elle sera toujours attentive à lui présenter les choses sous les immuables rapports que la nature et la raison leur ont assignés.

CHAPITRE XXII.

De l'examen.

LE droit de sa propre défense est un droit fondé sur la nature, et par conséquent inaliénable et imprescriptible : ce droit incontestable résulte du devoir de prendre soin de son bien-être : l'homme l'a dans tous les temps et dans tous les lieux ; il le conserve au milieu de la société, dans tous les cas urgents, où le secours des lois serait inefficace par sa lenteur. Mais ce droit devient bien plus sacré, lorsqu'accablé de tout le poids de la force publique, et dépouillé de tous ses moyens naturels de défense, il ne doit plus chercher que dans les règles immuables de la justice, et dans les pages du code social, les armes qui doivent le protéger.

Aussi la loi ne met-elle aucune entrave à la justification de l'accusé: du moment que la première instruction est consommée, toutes les pièces de la procédure lui sont communiquées (1) : on lui notifie, vingt-quatre heures avant l'examen, les noms de tous les témoins qui doivent être entendus, soit à la requête du ministère public, soit à celle de la partie plaignante (2) ; un défenseur lui est désigné par le juge, s'il n'en a pas choisi lui-même (3) ; de nombreuses récusations lui assurent l'impartialité de ses juges (4) ; lorsqu'il paraît devant le jury de jugement, tous les témoins déposent en sa présence, et il peut dire, soit contr'eux personnellement, soit contre leurs témoignages, tout ce qu'il juge utile à sa défense (5) ; lui-

---

(1) Loi du 5 brumaire, art. 319.
(2) Art. 346. *Ibid.*
(3) Art. 321. *Ibid.*
(4) Art. 504. *Ibid.*
(5) Art. 353. *Ibid.*

même a le droit de produire les témoignages et les preuves qu'il croit propres à établir sa justification (1).

D'un autre côté, les faits précisés par l'acte d'accusation tracent aux jurés le cercle dans lequel se renferme tout l'objet de leur délibération (2) ; car c'est dans ces faits que réside essentiellement le crime qu'ils ont à juger. Après que l'accusateur public leur a exposé l'état des preuves et des documents qu'on a pu recueillir, ils entendent les dépositions des témoins, et la défense de l'accusé ; ils peuvent mettre la véracité des uns et des autres à l'épreuve (3) par ces questions subites et imprévues, qui dérangent quelquefois dans un instant tout un système de calomnies, ou mettent à jour toute la faiblesse d'une astucieuse dénégation. L'accent, le geste, le regard, toutes ces images vivantes de l'ame, qui modifient de tant de manières le sens que les hommes attachent aux paroles, servent à rectifier les impressions diverses que les déclarations respectives des parties ont dû laisser dans leurs

(1) Loi du 3 brumaire, art. 357.
(2) Art. 372. *Ibid.*
(3) Art. 354. *Ibid.*

esprits. A mesure que les débats s'animent, ils s'imprégnent de la conviction par tous les sens : cette conviction deviendra la règle la plus sûre du jugement, parce que l'évidence, la force de la preuve, l'irrésistible ascendant de la vérité, sont les sources pures d'où elle découle : et c'est ici que se fait sentir toute l'excellence de la méthode de jugement par jurés ; si dans un critère de cette nature, il est bien difficile que le crime ne se trahisse pas le plus souvent lui-même, combien de puissants moyens n'y trouve point aussi l'innocence, pour repousser les suspicions inconsidérées, ou pour déjouer les trames que des passions exaspérées pourraient avoir ourdies contr'elle !

CHAPITRE XXIII.

De la déclaration des Jurés.

La législation a cherché à simplifier l'opération des jurés, en exigeant d'eux une déclaration spéciale sur chacune des questions qui peuvent résulter de l'acte d'accusation, ou que les débats ont pu faire naître.

Ils délibèrent d'abord sur l'existence matérielle du fait qui constitue le corps du délit.

Après avoir reconnu l'existence du fait, ils délibèrent ensuite sur l'application de ce fait à l'individu accusé, pour reconnaître s'il en est l'auteur.

Enfin ils examinent la moralité du fait, c'est-à-dire les circonstances de volonté, de provocation, d'intention, de préméditation qu'il est nécessaire de connaître, pour savoir à quel point le fait est coupable, et pour le définir par le vrai caractère qui lui appartient (1).

Mais les jurés n'ont point à examiner si le fait contient ou non une contravention à la loi; lorsque cette question est élevée par l'accusé, le tribunal seul la décide, après que les jurés ont donné leur déclaration sur les questions relatives aux faits; les juges, dans ce cas, prononcent la peine établie par la loi, ou acquittent l'accusé, si le fait dont il est convaincu n'est pas défendu par elle (2).

---

(1) Le tribunal propose les questions : l'accusé, ses conseils, l'accusateur public et les jurés peuvent faire des observations sur la manière dont elles sont posées, et le tribunal en décide sur-le-champ. Loi du 3 brumaire, art. 376.

(2) Loi du 3 brumaire, art. 532.

Cette méthode de jugement convenait spécialement à une institution naissante, dont les formes nous étaient d'autant moins familières qu'elles s'éloignaient davantage de ce dangereux système de preuves légales (1), dans lequel notre ancienne jurisprudence faisait consister toute la doctrine de la conviction ; elle tend ainsi à assurer une plus grande uniformité dans les jugements ; elle met les jurés dans la nécessité de considérer la preuve sous toutes ses faces, et empêche qu'aucune des causes qui peuvent modifier la gravité du délit, ou en changer la nature, ne puisse échapper à leur attention.

La législation anglaise donne une plus grande latitude à la juridiction de ses jurés; la mesure de leurs pouvoirs est indiquée par la formule même de leur déclaration, ainsi conçue : *guitty*, ou *not guitty*, c'est-à-dire, l'accusé est *coupable* ou il n'est pas *coupable*, formule laconique qui implique la solution de toutes les questions que le délit présente à juger, tant sur le fait que sur le droit (2).

---

(1) Deux témoins non reprochés formaient une preuve légale.

(2) Les jurés peuvent aussi donner un verdict spécial, en exposant à la cour toutes les circonstances du cas qui les embarrasse, et en se référant sur le tout à sa

Il résulte de là que la puissance de juger, cette puissance, comme le dit Montesquieu, si terrible parmi les hommes, se trouve réunie toute entière dans la main des jurés; comme elle n'est attachée, ni à un certain état, ni à une certaine profession, elle devient pour ainsi dire invisible et nulle; car les jurés ne sont investis, un seul moment, d'une redoutable autorité, que pour aller se perdre et se confondre, un instant après, dans la foule des plus obscurs citoyens; aussi cette institution, en Angleterre, est-elle celle que le peuple révère le plus, celle à laquelle il s'est montré, dans tous les temps, le plus particulièrement attaché. Ce peuple fier souffre sans murmure que sa liberté politique soit livrée chaque jour, sous ses yeux, au plus vil trafic, parce qu'il n'a rien à redouter

---

décision. M. Delolme, dans son traité sur le gouvernement anglais, observe que ces paroles de Coke ne laissent aucun doute sur le pouvoir qu'ont les jurés de décider sur le point de droit joint au point de fait, dans un même procès, pouvoir, ajoute-t-il, que la constitution rend nécessaire à tous égards, sur-tout puisque le prisonnier ne peut récuser ses juges, comme il le pourrait en droit civil, et par les mêmes raisons pour lesquelles il pourrait récuser les témoins. Voyez aussi Blackstone, chap. 27.

pour sa liberté civile, parce que l'institution des jurés est pour elle un rempart, que ni l'audace, ni le délire du pouvoir n'ont point encore entrepris de franchir.

Là où les jurés ont une juridiction si étendue, il est clair que le code doit être d'une telle précision qu'on ne puisse jamais en étendre les dispositions au-delà des cas qu'il a littéralement exprimés ; autrement le caprice de l'homme aurait souvent plus de force que la volonté de la loi.

CHAPITRE XXIV.

De l'unanimité dans le Jugement.

COMME les preuves qui constituent la certitude morale aux yeux des jurés ne dérivent point du rapport immédiat de leurs sensations ; comme elles ne peuvent être fondées que sur le témoignage d'autrui ou sur des indices souvent trompeurs, il s'en suit que leur conviction ne saurait être l'effet nécessaire d'un assentiment antérieur à toute réflexion : elle ne peut être que l'ouvrage d'un examen attentif de toutes les circonstances, de tous les documents qui servent à établir la culpabilité de l'accusé : souvent même elle sera dans chacun des jurés le résultat des opinions les plus divergentes, qu'une discussion approfondie aura ramenées à un centre commun de lumière et de vérité. Il sera donc indispensable de soumettre les différents membres du jury à une sorte de solidarité qui leur impose l'obligation réciproque d'éclaircir leurs doutes respectifs, et qui les mette, jusqu'à un certain point, dans la nécessité d'arriver à un résultat unanime : car, c'est de l'unanimité du jugement que dépendra principalement l'opinion qu'on prendra de sa rectitude.

D'après une disposition du code de 1791, confirmée depuis par la loi du 3 brumaire an 4, la réunion de dix votes était nécessaire pour condamner; mais trois suffrages en faveur de l'accusé suffisaient pour l'absoudre. Cette loi, en isolant les opinions des jurés, en les affranchissant du lien de cette espèce de juridiction réciproque qu'ils doivent avoir sur leurs avis respectifs, plaçait fort souvent toute l'autorité du jugement dans une très-petite section du jury, et s'exposait ainsi à consacrer les décisions les plus contraires au véritable état des faits, surtout lorsqu'elles se trouvaient en opposition avec l'unanimité des jurés dissidents.

Dans

Dans la crainte que ce mode de jugement ne laissât beaucoup de crimes impunis, il fut statué par une loi du 19 fructidor an 5, que les jurés ne pourraient, dans les vingt-quatre heures de leur réunion, voter qu'à l'unanimité : si, après ce délai, ils déclarent qu'ils n'ont pu s'accorder pour émettre un vœu unanime, ils se réunissent derechef, et la déclaration se fait à la majorité absolue : si leurs avis alors se trouvent partagés (1) sur une ou plusieurs des questions qui leur sont soumises, la déclaration se fait à la décharge de l'accusé.

Quoique cette législation soit plus conforme aux principes, cependant, lorsque le jugement n'est rendu qu'à une simple majorité (2), n'a-t-il point le grand inconvénient de présenter à la masse des citoyens, le spectacle d'un individu condamné à une peine capitale, sur une preuve dont ils peuvent contester l'autorité, lorsqu'ils voient qu'une grande partie des jurés n'a pu la reconnaître? Le peuple qui a été présent aux débats et qui entend le jugement, ne sera-t-il pas plus porté

(1) Loi du 3 brumaire an 6.

(2) Nos anciennes lois exigeaient une majorité de deux voix pour la condamnation.

à plaindre l'accusé qu'à le juger coupable? N'est-il pas à craindre alors, que les idées du juste et de l'injuste ne se confondent dans son esprit, qu'il ne s'accoutume à douter de la sagesse de ses lois, et qu'il n'attribue souvent les actes du pouvoir judiciaire bien plutôt à l'influence d'une chance aveugle, qu'aux prescriptions nécessaires d'une immuable justice?

La législation anglaise exige l'unanimité dans la déclaration de ses jurés : on s'est beaucoup récrié contre cette méthode. On enferme, a-t-on dit, des jurés sans feu, sans aliments, jusqu'à ce qu'ils soient tous d'accord : celui qui est doué de la plus forte complexion, peut ramener tous les autres ou à la condamnation de l'innocence, ou à l'absolution du crime; qui voudrait être jugé de cette façon?

Les inconvénients qne l'on reproche à cette manière de procéder, sont bien plus spécieux que réels, et peut-être n'ont-ils jamais eu lieu. S'il faut l'unanimité pour la condamnation de l'accusé, on l'exige aussi pour l'absoudre ; et tous les intérêts se trouvent par-là également balancés : un juré hésite-t-il à se ranger de l'avis des autres, c'est qu'il est arrêté par des doutes : chacun alors doit se montrer d'autant plus empressé à les éclaircir et à les résoudre, que c'est une égale nécessité pour tous de ne point retarder l'issue de la délibération par une obstination mal entendue; et la vérité ne saurait rien perdre à la chaleur de cette controverse : du moins la décision des jurés se montre-t-elle toujours alors avec l'auguste caractère d'un jugement qui repose sur l'évidence des faits ; il est vrai que la vénalité d'un seul membre du jury, suffirait pour paraliser le bras de la justice; mais le remède à cet inconvénient, se trouve dans le bon choix des jurés ; les mesures que la législation a prises à cet égard, excluent de leur part toute idée de prévarication ou de partialité.

Je ne conclurai cependant pas de tout cela que l'unanimité soit toujours le meilleur mode de jugement que l'on puisse adopter. Je dirai qu'en matière criminelle, toute la force de la législation consiste dans l'harmonie parfaite qui en lie si étroitement toutes les parties entr'elles, qu'elles se prêtent en quelque sorte un appui réciproque et marchent, comme de concert, vers la même fin.

Le grand objet de l'institution des jurés, c'est que l'innocence ne puisse courir aucuns dangers, c'est que le crime ne puisse se soustraire à la punition; peu importe par quelles voies on arrive au but, pourvu qu'on l'atteigne.

CHAPITRE XXV.

Des Adjoints.

DANS un temps, où les procès criminels ne se décidaient que sur des preuves écrites, toutes les fois que la condamnation de l'accusé n'avait été entraînée que par d'injustes préventions, ou par l'effervescence du moment, il était toujours facile d'attaquer le jugement avec succès par la voie de la révision : c'est ainsi que des noms flétris un instant par l'ignominie du supplice, peuvent encore être quelquefois transmis sans tache à la mémoire des hommes. Mais ce recours n'est point compatible avec une méthode de jugement qui réprouve le systême des preuves écrites, et qui ne laisse à sa suite aucunes traces des motifs qui ont pu déterminer la conviction des jurés ; cependant, comme tous les hommes peuvent se tromper, et que les erreurs de fait ne sauraient être réparées, ni par la voie de l'appel, ni même par celle de la cassation (1),

(1) Ce tribunal ne prononce que sur les contraventions à la loi.

il était nécessaire que la législation, dans le cas ou le mal jugé serait manifeste, présentât à l'accusé un moyen efficace pour se soustraire à une juste condamnation : c'est pour cela qu'elle adjoint aux douze jurés de jugement, trois nouveaux membres qui assistent aux débats et ne peuvent cependant prendre part à la délibération, si ce n'est lorsque leur intervention est jugée indispensable.

Toutes les fois que le tribunal est unanimement d'avis que les jurés, tout en observant les formes, se sont trompés au fond, il ordonne que les trois jurés adjoints se réuniront aux douze premiers, pour donner une nouvelle déclaration aux quatre cinquièmes des voix. Nul n'a le droit de provoquer cette nouvelle délibération, et elle ne peut avoir lieu que lorsque l'accusé a été convaincu, jamais lorsqu'il a été acquitté. (1)

Dans les tribunaux anglais, lorsque la décision des jurés est trouvée évidemment injuste contre l'accusé, elle est mise tout simplement de côté comme non avenue, et la cour du banc du roi ordonne d'autres jurés pour un nouveau jugement (2).

---

(1) Loi du 3 brumaire, art. 415 et 416.

(2) Blackstone, ch. 27,

Tout ce que cette législation accorde de pouvoir aux juges, tourne au profit de l'accusé; elle ne leur en donne aucun qui puisse lui nuire.

CHAPITRE XXVI.

De l'atténuation de la peine.

Quoique l'accusé soit convaincu sur le fait et sur l'intention, il peut se trouver dans le délit des circonstances qui en atténuent la gravité, qui laissent encore appercevoir quelques lueurs de mérite dans le coupable. Un crime qui sera le même par sa nature, peut être le produit d'une profonde perversité, ou prendre sa source dans des motifs moins dépravés; si l'on confondait les faiblesses avec les délits, ce qui serait l'effet de la fragilité de l'âge, peut être d'un besoin impérieux, avec ce qui partirait d'une malice consommée, l'on exposerait, dans bien des cas, les jurés à s'attacher plutôt à l esprit qu'à la lettre de la loi; on les placerait souvent dans la pénible alternative ou de transiger avec leurs consciences par des déclarations contraires à l'état des faits, ou d'appeler sur la tête de l'accusé un chatiment que leur raison ne pourrait approuver.

Nous ne trouvons dans notre code qu'une seule loi relative à l'atténuation de la peine. L'art. 636 de la loi du 4 brumaire, qualifie délits excusables, ceux qui sont accompagnés de quelques circonstances propres à diminuer la culpabilité de l'accusé ; pour que celui-ci puisse participer au bénéfice de la loi, le concours de deux autorités est nécessaire; celle du tribunal, qui décide si les moyens d'excuse proposés par l'accusé, sont assez fondés pour qu'ils puissent être soumis à la délibération des jurés; celle du jury, qui juge s'ils doivent être accueillis ; dans le cas où ils sont jugés valables, le tribunal réduit la peine établie par la loi, à une punition correctionnelle.

Mais cette loi présente-t-elle, dans ses moyens d'exécution, toute la latitude nécessaire pour atteindre le but qu'elle se propose? Peut-on en faire une prompte et facile application à tous les cas qui réclament, qui nécessitent son intervention?

Un écrivain (1), qui a répandu de grandes

(1) Scipion Bexon, auteur d'un bon ouvrage, où il compare les lois françaises et anglaises sous le rapport des différentes peines qu'elles infligent.

lumières sur toutes les parties de la législation qu'il a traitées, a fort bien prouvé que la question, résultante des moyens d'excuse, pouvait être rarement appelée au secours de l'accusé, et que, dans bien des cas même, il ne serait guère possible de la proposer à la délibération des jurés, sans choquer tous les principes d'une saine morale : en effet, l'idée d'une action excusable, dans le sens que donne à ce mot l'acception commune, peut difficilement se concilier avec celle d'un crime que la loi ne peut justifier, et contre lequel même elle prononce quelquefois les peines les plus sévères. (1). Mais on conçoit que mille circonstances peuvent atténuer la gravité du délit, alors même qu'il n'est plus, à proprement dire, excusable. Une loi, qui autoriserait les tribunaux à requérir dans certain cas une déclaration des jurés sur les circonstances atténuantes, ne serait-elle pas plus dans la nature de la chose, plus appropriée par conséquent à son objet ? Peut-être l'insuffisance de la loi énoncée en l'article 646 de celle du 3 brumaire

(1) Le code pénal prononce la peine de dix années de gêne contre le crime de meurtre qui aurait été commis à la suite d'une violente provocation, et qui aurait été, pour cette raison, déclaré excusable par le jury, tit. 2, art. 9..

dernier, ne dérive-t-elle que des termes mêmes dans lesquels elle est conçue, et qui semblent, par le fait, en limiter l'application aux seuls cas qu'elle a prévus et exprimés (1).

Si l'intérêt social demande que les crimes ne restent pas impunis, celui de l'équité exige aussi que l'intensité des peines soient toujours dans une égale proportion avec la gravité du délit; sans cela, elles seraient bien plus propres à corrompre les principes de la morale publique, qu'elles ne serviraient à les vivifier. En proscrivant de notre code tous ces supplices barbares, qui formaient un si étrange contraste entre nos mœurs et nos usages,

---

(3) Dans la législation anglaise, l'atténuation de la peine n'est point une faveur ; c'est un droit fondé sur le privilége clérical, ainsi appelé, parce qu'il n'avait été originairement institué que pour les ecclésiastiques. Ce privilége consiste à soustraire le coupable, pour le premier délit, à la rigueur de la peine capitale, qui est alors commuée en une peine plus douce, comme la brûlure au pouce, ou quelques mois d'emprisonnement ; il est applicable à tous les délits qui n'en ont point été spécialement exclus par les statuts. Si ce moyen ne peut sauver le coupable, il peut implorer la clémence du roi, qui a le droit d'accorder le pardon sans restriction, ou de commuer la peine à sa volonté. Blackst. ch. 28 et 37.

n'avons-nous pas proclamé que l'humanité serait désormais, dans nos lois, l'inséparable compagne de la justice ?

CHAPITRE XXVII.

D'une bonne loi pénale.

Par les lois que Moïse donna aux Hébreux, il permit au mari de renvoyer la femme qui ne lui convenait pas ; il porta ensuite des peines sévères contre l'adultère ; il mit le mariage en honneur ; il le rendit facile pour toutes les classes des citoyens ; il proscrivit le célibat : alors il flétrit le libertinage ; il donna à chacun une portion de terre ; personne n'était privé du nécessaire ; on rentrait dans son héritage au bout de cinquante ans ; personne n'était sans propriété : alors il dit, tu ne voleras point.

Ce sage et profond législateur pensait donc que les lois qui prévienent les crimes, doivent marcher avant celles qui les punissent, et que les premières sont la base sur laquelle doit s'élever tout l'édifice de la législation.

FIN.

TABLE

DES CHAPITRES.

LOIS ET ACTES
DU
GOUVERNEMENT,

Relatifs à l'institution des Jurés et à leurs fonctions.

En matière de délits emportant peines afflictives ou infâmantes, un premier jury admet ou rejète l'accusation; si elle est admise, un second jury reconnait le fait, et les juges, formant un tribunal criminel, appliquent la peine. Leur jugement est sans appel. *Constitution de l'an* 8, *titre* 5, *art.* 62.

CODE DES DELITS ET DES PEINES.

TITRE III.

Des jurys d'accusation.

ART. 206. Les jurés sont des citoyens appelés à l'occasion d'un délit pour examiner le fait allégué contre le prévenu ou l'accusé, et décider, d'après les preuves qui leur sont fournies, et leur conviction personnelle, si le délit existe, et quel est le coupable.

La loi du 6 ventose an 5, accorde trois francs d'indemnité, par chaque jour de séance, aux jurés d'accusation et de jugement qui se déplaceront, et de plus, quinze sous par lieues pour se rendre au tribunal, et autant pour retourner à leur domicile.

207. Ils ne sont point fonctionnaires publics; aucun caractère distinctif, aucune marque extérieure, ne les désigne à leurs concitoyens, comme devant être leurs juges dans telles ou telles circonstances.

208. Les jurés sont appelés, soit pour décider si une

accusation doit être admise, soit pour juger si l'accusation est fondée.

La loi les désigne, au premier cas, sous le nom de *jurés d'accusation;* au second, sous celui de *jurés de jugement.*

209. Le concours de huit jurés est nécessaire, à peine de nullité, pour former un *jury d'accusation.*

210. Le jury d'accusation se compose ainsi qu'il est réglé par les titres X, XI et XIII ci-après.

216. Dans les vingt-quatre heures de la remise qui est faite d'un prévenu dans la maison d'arrêt, le directeur du jury l'interroge et fait tenir note de ses réponses.

Cette note est tenue par le greffier, qui la signe, ainsi que le directeur du jury.

La loi du 7 pluviose an 9, déroge en plusieurs points à ce qui avait été prescrit par celle du 3 brumaire an 4, tant pour la poursuite des délits que pour l'instruction préalable à l'acte d'accusation; elle porte:

Art. I. Le commissaire du gouvernement, faisant les fonctions d'accusateur public près le tribunal criminel, aura, près le tribunal civil de chaque arrondissement communal du département, un substitut chargé de la recherche et de la poursuite de tous les délits dont la connaissance appartient, soit aux tribunaux de police correctionnelle, soit aux tribunaux criminels.

III. Les plaintes des parties, ainsi que toute dénonciation, soit officielle, soit civique, seront adressées aux substituts du commissaire près le tribunal criminel; elles pourront l'être aussi aux juges-de-paix et aux officiers de gendarmerie.

IV. Les juges-de-paix, les officiers de gendarmerie, les maires et adjoints, les commissaires de police, sont également chargés de dénoncer les crimes et délits au substitut du commissaire près le tribunal criminel, de dresser les procès-verbaux qui y sont relatifs, et même de faire saisir les prévenus en cas de flagrant délit, et sur la clameur publique, sans préjudice des attributions faites aux gardes champêtres et gardes forestiers, relativement aux délits commis dans leurs ressorts.

VI. Dans tous les cas, l'envoi, soit des plaintes, dénonciations, procès-verbaux et déclarations, soit du prévenu, sera fait, sans délai, au substitut du commissaire près le tribunal criminel.

VII. Le substitut du commissaire près le tribunal criminel décernera contre le prévenu un *mandat de dépôt*, sur l'exhibition duquel le prévenu sera reçu et gardé dans la maison d'arrêt établie près le tribunal d'arrondissement. Il en avertira, dans les vingt-quatre heures, le directeur du jury, lequel prendra communication de l'affaire, et sera tenu d'y procéder dans le plus court délai.

VIII. Le directeur du jury pourra, quand il le jugera convenable, recommencer tout acte de procédure et d'instruction fait par les fonctionnaires publics mentionnés en l'art. 4.

IX. Les témoins indiqués par le substitut ou par la partie plaignante, seront appelés sur la citation du directeur du jury, et entendus par lui séparément et hors de la présence du prévenu.

X. Le prévenu sera également amené par son ordre, et interrogé par lui, avant d'avoir eu communication des charges et dépositions : lecture lui en sera donnée après son interrogatoire; et, s'il le demande, il sera de suite interrogé de nouveau.

XI. Tous les autres genres de preuves autorisés par la loi seront aussi recueillis et constatés par le directeur du jury.

XII. Aucun acte de procédure et d'instruction ne sera fait par le directeur du jury, sans avoir entendu le substitut du commissaire près le tribunal criminel.

XIV. Le directeur du jury pourra charger les juges-de-paix et les officiers de gendarmerie, de tout acte d'instruction et de procédure pour lequel il ne jugera pas son déplacement nécessaire.

XV. Quand le directeur du jury trouve l'affaire suffisamment instruite, il en ordonne la communication au substitut du commissaire près le tribunal criminel, lequel est tenu, dans trois jours au plus, de donner ses réquisitions par écrit; ensuite desquelles le directeur du jury rend une ordonnance par laquelle, selon les différents cas, la nature et la gravité des preuves, il met le prévenu en liberté ou le renvoie devant le tribunal de simple police, ou devant le tribunal de la police correctionnelle, ou devant le jury d'accusation. L'ordonnance, dans ce dernier cas, porte toujours mandat d'arrêt contre le prévenu, lequel peut cependant être mis provisoirement en liberté, dans le cas et selon les formes déterminées par la loi.

XVI. Dans tous les cas où l'ordonnance n'est pas conforme aux réquisitions, l'affaire est soumise au tribunal de l'arrondissement, qui n'en juge qu'après avoir entendu le substitut du commissaire près le tribunal criminel et le directeur du jury, lequel ne peut prendre part à cette décision.

XVII. Dans les vingt-quatre heures qui suivent ce jugement, le substitut peut, s'il le juge convenable, l'envoyer, avec les pièces, au commissaire près le tribunal criminel : et cependant le même jugement s'exécute par provision, s'il porte la mise en liberté du prévenu.

XVIII. Si le commissaire près le tribunal criminel est de l'avis du jugement, il le renvoie, sans délai, à son substitut pour le mettre définitivement à exécution; dans le cas contraire, il en réfère au tribunal criminel, qui peut réformer le jugement, non seulement à raison de la compétence, de tout excès de pouvoir, ou pour fausse application de la loi à la nature du délit, mais encore à raison des nullités qui pourraient avoir été commises dans l'instruction et la procédure. Ce jugement, ainsi que celui de première instance, sont rendus à la chambre du conseil.

XIX. Le commissaire près le tribunal criminel peut se pourvoir en cassation contre ce jugement du tribunal criminel, mais seulement à raison de la compétence, pour excès de pouvoir, ou pour fausse application de la loi à la nature du délit. L'affaire est portée directement à la section criminelle du tribunal de cassation, qui y statue en la chambre du conseil.

228. Il ne peut être dressé d'acte d'accusation que pour délit emportant peine afflictive ou infâmante.

Par l'art. 10 de la loi du 7 pluviose an 9, le substitut du commissaire près le tribunal criminel est chargé de dresser l'acte d'accusation; le directeur du jury en fait lecture aux jurés en sa présence, ainsi que de toutes les pièces qui y sont relatives.

229. L'acte d'accusation *expose le fait* et toutes ses circonstances.

Celui ou ceux qui en sont l'objet y sont clairement désignés et dénommés.

La nature du délit y est déterminée *avec le plus de précision* qu'il est possible.

231. S'il a été dressé un procès-verbal qui constate le corps du délit, il est annexé à l'acte d'accusation, qui en fait mention expresse, pour être présenté conjointement au jury.

232. Tout acte d'accusation dans lequel n'ont pas été observées les dispositions des articles 228, 229 et 231 ci-dessus, est nul, ainsi que tout ce qui peut s'ensuivre.

233. Lorsque plusieurs prévenus sont impliqués dans la même procédure, ou lorsque plusieurs délits sont imputés au même prévenu, le directeur du jury (le *substitut du commissaire près le tribunal criminel*) peut dresser un ou plusieurs actes d'accusation, suivant ce qui résulte des pièces relatives aux différents prévenus ou aux différentes espèces de délits.

234. Néanmoins le directeur du jury (le *substitut du commissaire près le tribunal criminel*) ne peut, à peine de nullité, diviser en plusieurs actes d'accusation, à l'égard d'un seul et même individu, soit les différentes branches et circonstances d'un même délit, soit les délits connexes, dont les pièces se trouvent en même temps produites devant lui.

235. Quand l'acte d'accusation est dressé, des jurés sont appelés pour l'admettre ou le rejeter.

236. Les jurés étant assemblés au jour indiqué, le directeur du jury leur adresse, en présence du *substitut du commissaire près le tribunal criminel,* les paroles suivantes :

« Citoyens, vous promettez d'examiner avec attention » les témoins et les pièces qui vous seront présentés; » d'en garder le secret; de vous expliquer avec loyauté

» sur l'acte d'accusation qui va vous être remis, et de ne
» suivre ni les mouvements de la haine ou de la méchan-
» ceté, ni ceux de la crainte ou de l'affection. »

Chacun des jurés répond individuellement : « Je le
» promets. »

Au serment de fidélité à la constitution que chacun des jurés, aux termes de la loi du 13 fructidor an 5, devait prêter, avant d'exercer ses fonctions, la loi du 21 nivose an 8, a substitué la déclaration suivante: *Je promets d'être fidèle à la constitution.*

237. Le directeur du jury expose ensuite aux jurés l'objet de l'accusation; il leur explique avec clarté et simplicité les fonctions qu'ils ont à remplir; et, afin qu'ils ne perdent jamais de vue l'objet de leur mission, il leur fait lecture de l'instruction suivante, qui demeure inscrite en gros caractères dans la salle destinée à leurs délibérations :

« Les jurés d'accusation n'ont pas à juger si le prévenu
» est coupable ou non, mais seulement s'il y a déja des
» preuves suffisantes à l'appui de l'accusation.

« Ils appercevront aisément le but de leurs fonctions,
» en se rappelant les motifs qui ont déterminé la loi à
» établir un jury d'accusation.

« Ces motifs ont leur base dans le respect pour la
» liberté individuelle. La loi, en donnant au ministère
» actif de la police le droit d'arrêter un homme prévenu
» d'un délit, a borné ce pouvoir au seul fait de l'arresta-
» tion.

« Mais une simple prévention, qui souvent a pu suffire
» pour qu'on s'assurât d'un homme, ne suffit pas pour le
» priver de sa liberté pour l'instruction d'un procès, et
» l'exposer à subir l'appareil d'une procédure criminelle.

« La loi a prévenu ce dangereux inconvénient; et à
» l'instant même ou un homme est arrêté par la police,
» il trouve des moyens faciles et prompts de recouvrer
» sa liberté, s'il ne l'a perdue que par l'effet d'une erreur
» ou de soupçons mal fondés, ou si son arrestation n'est
» que le fruit de l'intrigue, de la violence, ou d'un abus
» d'autorité. Il faut alors qu'on articule contre lui un fait
» grave : ce ne sont plus de simples soupçons, une

» simple prévention, mais de fortes présomptions, un
» commencement de preuves déterminantes, qui doivent
» provoquer la décision des jurés pour l'admission de
» l'acte d'accusation. »

238. Après la lecture de cette instruction, le directeur du jury, *le substitut du commissaire près le tribunal criminel* toujours présent, fait celle de l'acte d'accusation et des pièces y relatives, autres que les déclarations des témoins et les interrogatoires des prévenus.

Les témoins sont ensuite entendus de vive-voix, ainsi que la partie plaignante ou dénonciatrice, si elle est présente

Cela fait, le directeur du jury et *le substitut du commissaire près le tribunal criminel,* se retirent, après avoir remis aux jurés toutes les pièces, à l'exception des déclarations écrites des témoins et des interrogatoires des prévenus.

Les jurés restent et délibèrent entre eux sans désemparer.

Cet article est abrogé en partie par la loi du 7 pluviose an 9. Cette loi porte, article 21 : La partie plaignante ou dénonciatrice ne sera pas entendue devant le jury d'accusation ; les témoins n'y seront pas non plus appelés ; leurs dépositions lui seront remises, avec les interrogatoires et toutes les pièces à l'appui de l'acte d'accusation.

» La loi du 13 germinal an 5, art. 2, porte que : Les directeurs et jurés d'accusation conservent leur caractère et sont tenus de rester à leur poste, jusqu'à ce qu'ils aient terminé la portion d'instruction qui leur est attribueé, et complétement rempli la tâche que la loi leur assigne. »

Cette loi est confirmée par celle du 17 thermidor an 6, qui porte, art. 2, que les autorités constituées, leurs employés et ceux des bureaux au service public, vaquent les décadis et jours de fêtes nationales, sauf les cas de nécessité, et l'expédition des affaires criminelles.

239. Toute contravention aux trois articles précédents emporte nullité.

240. Les jurés d'accusation ont pour chef le plus âgé d'entre eux ; il les préside et recueille les voix.

241. Ils n'ont pas le droit d'examiner si le délit porté dans l'acte d'accusation, mérite peine afflictive ou infamante.

243. Si la majorité des jurés trouve que l'accusation doit être admise, leur chef met au bas de l'acte cette formule affirmative : *La déclaration du jury est :* OUI, IL Y A LIEU.

Si la majorité des jurés, ou seulement quatre d'entre eux, trouvent que l'accusation ne doit pas être admise, leur chef met au bas de l'acte cette formule négative : *La déclaration du jury est :* NON, IL N'Y A PAS LIEU.

245. Si les jurés estiment qu'il y a lieu à une accusation, mais différente de celle qui est portée dans l'acte ou dans les actes d'accusation sur lesquels ils délibèrent, leur chef met au bas : *La déclaration du jury est :* IL N'Y A PAS LIEU A LA PRÉSENTE ACCUSATION.

246. Dans ce cas, le directeur du jury peut, sur les déclarations écrites des témoins et sur les autres renseignements, dresser un nouvel acte d'accusation.

247. Dans tous les cas, la déclaration des jurés est datée et signée par leur chef, à peine de nullité.

Il la remet, en leur présence, au directeur du jury, qui en dresse procès-verbal.

248. Les jurés sont tenus de mettre au bas de l'acte ou des actes d'accusation l'une des trois formules indiquées par les articles 243, 244 et 245 ci-dessus.

249. En cas de contravention, le directeur du jury ne peut recevoir leur déclaration.

Il entend le *substitut du commissaire près le tribunal criminel;* et, sur sa réquisition, il prononce la nullité des déclarations, procès-verbaux et autres actes que les jurés ont pu dresser.

250. Il ordonne en outre que les jurés se rassembleront de nouveau et procéderont sans désemparer, conformément à la loi.

251. En cas de refus ou de résistance de la part des jurés, le directeur du jury, après avoir de nouveau entendu le *substitut du commissaire près le tribunal criminel*, les condamne, en dernier ressort, à une amende qui ne peut être moindre de 100 liv., ni plus

forte de 500 liv., pour chacun d'eux; sans préjudice des poursuites criminelles dans les cas prévus par la loi.

252. Lorsque plusieurs prévenus sont compris dans le même acte d'accusation, les jurés peuvent diviser leur déclaration, admettre l'accusation contre les uns, et la rejeter à l'égard des autres.

Dans ce cas, leur chef écrit au bas de l'acte cette formule : *Il y a lieu contre tel et tel; il n'y a pas lieu à l'égard de tel et tel.*

253. Si les jurés prononcent qu'il n'y a pas lieu à accusation, le directeur du jury met sur-le-champ le prévenu en liberté, et il en donne avis à l'accusateur public.

255. Le prévenu, à l'égard duquel le jury d'accusation a déclaré qu'il n'y a pas lieu à accusation, ne peut plus être poursuivi à raison du même fait, à moins que, sur de nouvelles charges, il ne soit présenté un nouvel acte d'accusation.

TITRE IV.

DES TRIBUNAUX CRIMINELS.

Fonctions du président.

273. Le président, outre les fonctions de juge, est chargé,

1° D'entendre l'accusé au moment de son arrivée dans la maison de justice, ou vingt-quatre heures après au plus tard;

2° De faire tirer au sort les jurés, et de les convoquer;

Il peut néanmoins déléguer ses fonctions à l'un des juges.

274. Il est en outre chargé personnellement,

1° De diriger les jurés de jugement dans l'exercice des fonctions qui leur sont assignées par la loi; de leur exposer l'affaire sur laquelle ils ont à délibérer, même de leur rappeler leur devoir;

2° De présider à toute l'instruction, et de déterminer l'ordre entre ceux qui demandent à parler.

275. Il a la police de l'auditoire.

276. En vertu du *pouvoir discrétionnaire* dont il est investi, il peut prendre sur lui tout ce qu'il croit utile pour découvrir la vérité; et la loi charge son honneur et sa conscience d'employer tous ses efforts pour en favoriser la manifestation.

277. Ainsi il doit mettre en usage tous les moyens d'éclaircissements proposés par les parties, ou demandés par les jurés, qui peuvent jeter un jour utile sur le fait contesté;

Mais il doit rejeter ceux qui tendraient à prolonger inutilement le débat, sans donner lieu d'espérer plus de certitude dans les résultats.

Fonctions de l'accusateur public.

278. L'accusateur public poursuit les délits devant le tribunal criminel, sur les actes d'accusation admis par les premiers jurés.

TITRE V.

Procédure devant le tribunal criminel.

Art. 301. Nul ne peut, pour délit emportant peine afflictive ou infamante, être poursuivi devant le tribunal criminel, et jugé, que sur une accusation reçue légalement par un jury composé de huit citoyens.

302. Quand le jury a déclaré qu'il y a lieu à accusation, le procès, et l'accusé, s'il est détenu, sont, par les ordres du *substitut du commissaire près le directeur du jury*, envoyés, dans les vingt-quatre heures, au tribunal criminel du département.

Les vingt-quatre heures courent du moment de la signification de l'ordonnance de prise-de-corps ou de se représenter.

332. Le jury de jugement s'assemble le 15 de chaque mois, sur la convocation qui en est faite le 5 par le président, ainsi qu'il est réglé ci-après.

337. Le nombre de douze jurés et de trois adjoints est

nécessaire, à peine de nullité, pour former un jury de jugement.

338. Au jour fixé pour l'assemblée du jury, le tribunal criminel ayant pris séance, les douze jurés et les trois adjoints se rendent dans l'intérieur de l'auditoire.

339. Les douze jurés prènent place tous ensemble, suivant l'ordre de leur nomination, sur des sièges séparés du public et des parties, en face de ceux qui sont destinés à l'accusé et aux témoins.

340. Les trois jurés adjoints se placent aussi dans l'intérieur de l'auditoire, mais séparément des autres.

TITRE VI.

De l'examen.

Art. 341. Le tribunal et les jurés étant assemblés, le président fait entrer, dans l'intérieur de l'auditoire, l'accusé, ses conseils, les témoins et la partie plaignante, s'il y en a une.

L'accusé comparaît à la barre, *libre, sans fers,* et seulement accompagné de gardes pour l'empêcher de s'évader.

Le président lui dit qu'il peut s'asseoir, lui demande son nom, son âge, sa profession, sa demeure, et en fait tenir note par le greffier.

342. Les conseils de l'accusé promettent ensuite de n'employer que la vérité dans sa défense.

343. Après avoir reçu cette promesse, le président du tribunal adresse aux jurés et à leurs adjoints le discours suivant :

« CITOYENS,

» Vous promettez d'examiner, avec l'attention la plus
» scrupuleuse, les charges portées contre un tel...; de
» n'en communiquer avec personne jusqu'après votre dé-
» claration; de n'écouter ni la haine ou la méchanceté, ni
» la crainte ou l'affection; de vous décider d'après les
» charges et moyens de defense, suivant votre conscience
» et votre intime et profonde conviction, avec l'imparlia-
» lité et la fermeté qui conviènent à un homme libre. »

Chacun des jurés et de leurs adjoints, appelé nominativement par le président, répond : *Je le promets.*

344. Immédiatement après, le président avertit l'accusé d'être attentif à ce qu'il va entendre.

Il ordonne au greffier de lire l'acte d'accusation.

Le greffier fait cette lecture à haute et intelligible voix.

345. Après cette lecture, le président rappèle à l'accusé, le plus clairement possible, ce qui est contenu en l'acte d'accusation, et lui dit : « Voilà de quoi vous êtes » accusé ; vous allez entendre les charges qui seront pro- » duites contre vous. »

346. L'accusateur public *expose* le sujet de l'accusation, et présente la liste des témoins qui doivent être entendus, soit à sa requête, soit à celle de la partie plaignante.

Cette *liste* ne peut contenir que des témoins dont les noms, âge, profession et domicile, ayent été notifiés à l'accusé vingt-quatre heures au moins avant l'examen ; et ni l'accusateur public, ni la partie plaignante, ne peuvent, à peine de nullité, en faire entendre d'autres.

347. La liste mentionnée en l'article précédent est lue à haute voix par le greffier.

348. Le président ordonne ensuite aux témoins de se retirer dans une chambre destinée à cet effet, et dont ils ne peuvent sortir que pour déposer.

349. Les témoins déposent séparément, et l'un après l'autre, suivant l'ordre de la liste.

350. Le président, avant de recevoir la déposition de chaque témoin, lui fait promettre « de parler sans haine » et sans crainte, de dire la vérité, toute la vérité, rien » que la vérité. »

351. Il lui demande ensuite s'il connaissait l'accusé avant le fait mentionné dans l'acte d'accusation, s'il est parent ou allié, soit de l'accusé, soit de la partie plaignante, et à quel degré.

Il lui demande en même temps s'il n'est pas attaché au service de l'un ou de l'autre

352. Cela fait, le témoin dépose oralement, et sans que sa déposition puisse être écrite.

353. Après chaque déposition, le président demande au témoin si c'est de l'accusé présent qu'il a entendu parler.

Il demande ensuite à l'accusé s'il veut répondre à ce qui vient d'être dit contre lui.

L'accusé peut, par lui-même ou par ses conseils, questionner le témoin, et dire, tant contre lui personnellement que contre son témoignage, *tout ce qu'il juge utile à sa défense.*

354. Le président peut également demander au témoin et à l'accusé tous les éclaircissements qu'il croit nécessaires à la manifestation de la vérité.

Les juges, l'accusateur public et les jurés ont la même faculté, en demandant la parole au président.

355. Chaque témoin, après sa déposition, reste dans l'auditoire, jusqu'à ce que les jurés s'en soient retirés pour donner leurs déclarations.

356. Après l'audition des témoins produits par l'accusateur public et par la partie plaignante, l'accusé fait entendre les siens, s'il y en a.

357. L'accusé peut faire entendre des témoins pour attester qu'il est homme d'honneur, de probité, et d'une conduite irréprochable

Les jurés ont tel égard que de raison à ce témoignage.

258. Ne peuvent être entendus en témoignage, soit à la requête de l'accusé, soit à celle de l'accusateur public, soit à celle de la partie plaignante,

1° Le père, la mère, l'aïeul, l'aïeule, ou autre ascendant de l'accusé;

2° Son fils, sa fille, son petit-fils, sa petite-fille, ou autre descendant;

3° Son frère ou sa sœur;

4° Ses alliés aux degrés ci-dessus;

5° Sa femme ou son mari, même après le divorce légalement prononcé.

L'accusateur public et la partie plaignante ne peuvent pareillement produire pour témoins les dénonciateurs, quand il s'agit des délits dont la dénonciation est récompensée pécuniairement par la loi, ou lorsque le dénoncieteur peut, de toute autre manière, profiter de l'effet de sa dénonciation.

359. Les témoins qui n'ont pas déposé préalablement par écrit, peuvent être entendus dans le débat; savoir :

A la requête de l'accusateur public ou de la partie plaignante, pourvu qu'ils ayent été assignés, et qu'ils soient portés sur la liste mentionnée dans l'art. 346.

Et à la requête de l'accusé, quand même ils n'auraient reçu de sa part aucune assignation.

360. Les témoins, par quelque partie qu'ils soient produits, ne peuvent jamais s'interpeller entre eux.

361. L'accusé peut, par lui-même ou par ses conseils, demander que les témoins, au lieu de déposer séparément, ainsi qu'il est dit article 349, soient entendus en présence les uns des autres.

Il peut demander encore, après qu'ils ont déposé, que ceux qu'il désigne se retirent de l'auditoire, et qu'un ou plusieurs d'entre eux soient introduits et entendus de nouveau, soit séparément, soit en présence les uns des autres.

362. L'accusateur public a la même faculté à l'égard des témoins produits par l'accusé.

363. Pendant l'examen, les jurés, l'accusateur public et les juges, peuvent prendre note de ce qui leur paraît important, soit dans les dépositions des témoins, soit dans la défense de l'accusé, pourvu que la discussion n'en soit pas arrêtée ni interrompue.

364. Dans le cours ou à la suite des dépositions, le président fait représenter à l'accusé tous les effets trouvés lors du délit ou depuis, pouvant servir à conviction, et il l'interpelle de répondre personnellement s'il les reconnaît.

365. Il ne peut être lu aux jurés aucune déclaration écrite de témoins non présents à l'auditoire.

Les dépositions écrites des membres du corps législatif, ou des ministres, peuvent en certains cas, être lues aux jurés.

La loi du 20 thermidor an 4 porte :

Art. I Lorsqu'il y aura lieu de citer en témoignage, soit en matière civile, soit en matière criminelle, des membres du corps législatif, ou des ministres de la république, ou ses agents auprès des nations étrangères, devant des tribunaux autres que ceux séants dans la commune où ils resident pour l'exercice de leurs fonctions, ou dans la commune où ils se trouveraient casuellement, le juge civil ou officier de police, ou directeur de jury, ou président du tribunal criminel devant lesquels on voudra les produire en témoins, adresseront au juge civil ou directeur du jury du lieu de la résidence desdits représentants, directeurs, ministres et agents, un état des faits, demandes et questions sur lesquels les parties civiles, l'accusé ou l'accusateur public, desirent leur témoignage. Les officiers de police et juges civils ou criminels auxquels cet état sera adressé, feront assigner devant eux lesdits représentants, consuls, ministres et agents, et ils recevront leurs déclarations par écrit.

II. Ces déclarations seront envoyées, duement scellées et cachetées au greffe du tribunal requérant. En matière civile, elles seront communiquées aux parties; en matière criminelle, elles le seront à l'accusateur public et à l'accusé, conformément aux articles 318 et 319 du code des délits et des peines.

III. Dans l'examen du jury de jugement, ces déclarations seront lues publiquement; elles seront débattues par l'accusé et par ses conseils, et les jurés y auront tel égard que de raison.

366. Quant aux déclarations écrites que les témoins présents ont faites, et aux notes écrites des interrogatoires que l'accusé a subis devant l'officier de police, le directeur du jury et le président du tribunal criminel, il n'en peut être lu, dans le cours des débats, que ce qui est nécessaire pour faire observer, soit aux témoins, soit à l'accusé, les variations, les contrariétés et les différences qui peuvent se trouver entre ce qu'ils disent devant les jurés et ce qu'ils ont dit précédemment.

367. Si, d'après les débats, la déposition d'un témoin paraît évidemment fausse, le président en dresse procès-verbal; et d'office, ou sur la réquisition, soit de l'accusateur public, soit de la partie plaignante, soit de l'accusé et de ses conseils, il fait sur-le-champ mettre ce témoin en état d'arrestation, et délivre, à cet effet, contre lui un

mandat d'arrêt, en vertu duquel il le fait conduire devant le directeur du jury d'accusation de l'arrondissement dans lequel siège le tribunal criminel.

L'acte d'accusation, dans ce cas, est rédigé par le président.

368. Dans le cas où l'accusé, les témoins, ou l'un d'eux, ne parleraient pas la même langue ou le même idiôme, le président du tribunal criminel nomme d'office un interprête, âgé de vingt-cinq ans au moins, et lui fait promettre de traduire fidèlement, et suivant sa conscience, les discours à transmettre entre ceux qui parlent des langages différents.

L'accusé et l'accusateur public peuvent récuser l'interprête, en motivant leur récusation.

Le tribunal juge les motifs.

369. L'interprête peut, du consentement de l'accusé et de l'accusateur public, être pris parmi les témoins ou les jurés.

370. A la suite des dépositions orales des témoins, et des dires respectifs auxquels elles donnent lieu, l'accusateur public, *et la partie plaignante, s'il y en a une,* sont entendus, et développent les moyens qui appuient l'accusation.

L'accusé et ses conseils peuvent leur répondre.

La réplique est permise à l'accusateur public et à la partie plaignante; mais l'accusé a toujours la parole le dernier.

371. L'accusé n'ayant plus rien à dire pour sa defense, le président déclare que les débats sont terminés.

372. Le président résume l'affaire, et la réduit à ses points les plus simples.

Il fait remarquer aux jurés les principales preuves pour et contre l'accusé.

Il leur rappèle les fonctions qu'ils ont à remplir, et, pour cet effet, il leur donne lecture de l'instruction suivante, qui est, en outre, affichée en gros caractères dans la chambre destinée à leurs délibérations :

« Les jurés doivent examiner l'acte d'accusation, les » procès-verbaux, et toutes les autres pièces du procès, » à l'exception des déclarations écrites des témoins, des

notes

» notes écrites des interrogatoires subis par l'accusé » devant l'officier de police, le directeur du jury et » le président du tribunal criminel.

» C'est sur ces bases, et particulièrement sur les dé- » positions et les débats qui ont eu lieu en leur présence, » qu'ils doivent asseoir leur conviction personnelle : » car c'est de leur conviction personnelle qu'il s'agit ici; » c'est cette conviction que la loi les charge d'énoncer; » c'est à cette conviction que la société, que l'accusé, » s'en rapportent.

» La loi ne leur demande pas compte des moyens par » lesquels ils se sont convaincus; elle ne leur prescrit » point de régles desquelles ils doivent faire particuliè- » rement dépendre la plénitude et la suffisance d'une » preuve : elle leur prescrit de s'interroger eux-mêmes » dans le silence et le recueillement, et de chercher, » dans la sincérité de leur conscience, quelle impression » ont faite sur leur raison les preuves rapportées contre » l'accusé, et les moyens de sa défense. La loi ne leur » dit point : *Vous tiendrez pour vrai tout fait attesté par » tel ou tel nombre de témoins*. Elle ne leur dit pas non » plus : *Vous ne regarderez pas comme suffisamment » établie toute preuve qui ne sera pas formée de tel » procès-verbal, de telles pièces, de tant de témoins » ou de tant d'indices*. Elle ne leur fait que cette seule » question, qui renferme toute la mesure de leurs de- » voirs : *Avez-vous une intime conviction?*

» Ce qu'il est bien essentiel de ne pas perdre de vue, » c'est que toute la délibération du jury de jugement » porte sur l'acte d'accusation : c'est à cet acte qu'ils » doivent uniquement s'attacher; et ils manquent à leur » premier devoir, lorsque, pensant aux dispositions des » lois pénales, ils considèrent les suites que pourra avoir, » par rapport à l'accusé, la déclaration qu'ils ont à faire. » Leur mission n'a pas pour objet la poursuite ni la » punition des délits : ils ne sont appelés que pour déci- » der si le fait est constant, et si l'accusé est, ou non, » coupable du crime qu'on lui impute. »

373. Ensuite le président, au nom et de l'avis du tri- bunal, pose toutes les questions qui résultent tant de

l'acte d'accusation que des débats, et que les jurés doivent décider.

374. La première question tend essentiellement à savoir si le fait qui forme l'objet de l'accusation, est constant ou non;

La seconde, si l'accusé est, ou non, convaincu de l'avoir commis, ou d'y avoir coopéré.

Viennent ensuite les questions qui, *sur la moralité du fait*, et le plus ou le moins de gravité du délit, résultent de l'acte d'accusation, de la défense de l'accusé, ou du débat.

Le président les pose dans l'ordre dans lequel les jurés doivent en délibérer, en commençant par les plus favorables à l'accusé.

Cet article, en ordonnant de présenter au jury les questions sur la moralité du fait, maintient la loi du 14 vendémiaire, an 3, sur la question intentionnelle. En voici le texte :

Décret de la Convention nationale du 14 vendémiaire an 3.

» La Convention nationale, après avoir entendu le rapport de son comité de législation sur la pétition de Marie-Anne-Geneviève Leduys . . .

» Considérant qu'il ne peut exister de crime là où il n'y a pas eu intention de le commettre ; que le grand bienfait de l'institution du jury consiste principalement en ce que l'intention des prévenus doit être examinée et appréciée, déclare nuls les jugements du tribunal criminel du département de la Marne et du tribunal de cassation, des 18 thermidor et 17 fructidor dernier.

» Décrète en outre, pour ne laisser aucun doute sur l'esprit desdites lois, qu'à l'avenir, dans toutes les affaires soumises à des jurés de jugement, les présidents des tribunaux criminels seront tenus de poser la question relative à l'intention, et les jurés d'y prononcer par une déclaration formelle et distincte, et ce à peine de nullité. »

Si l'accusé, en avouant le délit, propose une excuse, comme si, en cas de meurtre, il prétend qu'il y a eu envers lui provocation violente; ou si, pour tout délit quelconque, il apparaît que la tête de l'accusé était aliénée, le tribunal doit poser les questions résultantes de sa défense ou des renseignements que les débats ont fournis. *Articles 425, 433 et 646.*

Si l'accusé est âgé de moins de seize ans, le tribunal doit poser la question de savoir s'il a commis le crime avec discernement. *Article premier du titre 5 de la première partie du code pénal.*

S'il s'agit de tentative du délit, le tribunal doit poser la question de savoir si l'exécution du crime n'a été suspendue que par des circonstances fortuites et indépendantes de la volonté de l'accusé. *Loi du 22 prairial an 4.*

Il est une infinité d'autres questions que les circonstances nécessitent. C'est, en général, en examinant les lois pénales applicables au délit, que le tribunal peut s'assurer de n'en omettre aucune.

375. Dans les délits qui renferment des circonstances indépendantes les unes des autres, comme dans une accusation de vol, pour savoir s'il a été commis de nuit, avec effraction, par une personne domestique, avec récidive, etc., les questions relatives à ces circonstances sont présentées chacune séparément, sans qu'il soit nécessaire de commencer par les moins aggravantes.

376. L'accusé, ses conseils, l'accusateur public et les jurés peuvent faire des observations sur la manière dont les questions sont posées, et le tribunal en décide sur-le-champ.

377. *Il ne peut être posé aucune question complexe.*

378. Il n'en peut être posé aucune sur des faits qui ne seraient pas portés dans l'acte d'accusation, quelles que soient les dépositions des témoins.

379. Mais les jurés peuvent être interrogés sur une ou plusieurs circonstances non mentionnées dans l'acte d'accusation, quand même elles changeraient le caractère du délit résultant du fait qui y est porté.

Ainsi, sur l'accusation d'un acte de violence exercé envers une personne, le président peut, d'après les débats, poser la question de savoir si cet acte de violence a été commis à dessein de tuer.

380. Toute contravention aux règles prescrites par les articles 352, 358, 365, 366, 373, 374, 377 et 378, emporte nullité.

381. Le président, après avoir énoncé les questions, les remet par écrit aux jurés, dans la personne de leur chef.

382. Il leur remet aussi toutes les pièces du procès, à l'exception des déclarations écrites des témoins, et des interrogatoires écrits de l'accusé.

383. Il leur annonce que la loi les oblige de se retirer dans leur chambre pour en délibérer, et il leur rappele

qu'elle leur défend de communiquer avec personne jusqu'après leur déclaration.

La loi du 13 germinal an 5, porte, article premier: Tous juges, accusateurs, jurés de jugement, jurés adjoints et suppléants, sont tenus de rester aux débats, à l'examen et à toute l'instruction de l'affaire qu'ils auront commencée dans lesdites qualités, et conservent leur caractère, quelle que soit la durée de l'instruction, et bien qu'ils soient appelés, pendant cet intervalle, à d'autres fonctions publiques.

384. Il fait en même temps reconduire l'accusé dans la maison de justice.

385. Les jurés retirés dans leur chambre, y discutent les questions qui ont été posées par le président.

Celui d'entre eux qui se trouve le premier inscrit sur le tableau est leur chef.

La loi du 19 fructidor an 5, porte, article 33: Les jurés ne pourront, dans les vingt-quatre heures de leur réunion, voter pour ou contre qu'à l'unanimité; ils seront, pendant ce temps, exclus de toute communication extérieure; si, après ce délai, ils déclarent qu'ils n'ont pu s'accorder pour émettre un vœu unanime, ils se réuniront de rechef, et la déclaration se fera à la majorité absolue.

La loi du 8 frimaire an 6, porte, art. premier, que si, après les vingt-quatre heures prescrites au jury de jugement pour parvenir à former une opinion unanime, il y a partage entre les jurés sur une ou plusieurs questions qui leur sont soumises, leur chef fera une déclaration à la décharge de l'accusé, dans la forme prescrite par l'art. 413 du code des délits et des peines, comme si la majorité des voix eût prononcé en faveur dudit accusé.

386. Lorsqu'ils sont en état de donner leur déclaration, ils font avertir le président.

Le président commet l'un des juges pour recevoir dans la chambre du conseil, avec le *commissaire du gouvernement*, les déclarations individuelles que les jurés doivent faire successivement et en l'abscence les uns des autres.

387. Le chef des jurés fait sa déclaration le premier.

Quand il l'a achevée, il reste dans la chambre du conseil avec le juge et le *commissaire du gouvernement*

Les autres jurés se retirent à mesure qu'ils ont fini leurs déclarations.

388. Ces déclarations se font de la manière qui va être expliquée.

389. Chaque juré déclare d'abord si le fait porté dans l'acte d'accusation est constant ou non.

390. Si cette première déclaration est affirmative, il en fait une seconde sur l'accusé, pour décider s'il est ou non convaincu.

391. Le juré qui a déclaré que le fait n'est pas constant, n'a pas d'autre déclaration à faire, et sa voix est comptée en faveur de l'accusé dans les questions suivantes.

392. Le juré qui, ayant trouvé le fait constant, a déclaré que l'accusé n'en est pas convaincu, ne fait aucune autre déclaration, et sa voix est également comptée en faveur de l'accusé dans les questions qui pourront suivre.

393. Le juré qui a déclaré le fait constant et l'accusé convaincu, donne ensuite sa déclaration sur la moralité du fait, d'après les questions intentionnelles posées par le président.

394. Lorsque sur plusieurs questions intentionnelles, présentées dans leur ordre graduel, un juré en a décidé une en faveur de l'accusé, il n'a plus de déclaration à faire sur celles qui suivent.

Mais tant qu'il en juge une contre l'accusé, il faut qu'il prononce sur les questions ultérieures, jusqu'à ce qu'il ait donné son opinion sur toutes celles que le tribunal a posées.

395. Dans les questions relatives aux circonstances indépendantes l'une de l'autre, qui se trouvent dans le même délit, le juré qui a voté sur une en faveur de l'accusé, ne continue pas moins de donner son opinion sur les autres.

396. Les jurés ne peuvent prononcer sur d'autres délits que ceux qui sont portés dans l'acte d'accusation, ni se dispenser de prononcer sur aucun de ceux qui y sont portés.

397. Chaque juré prononce les diverses déclarations ci-dessus, dans la forme suivante :

Il met la main sur son cœur, et dit : *Sur mon honneur et ma conscience le fait est constant*, ou *le fait ne me paraît pas constant; l'accusé est convaincu,* ou *l'accusé ne me paraît pas convaincu; il a commis tel fait méchamment et à dessein,* ou *il ne me paraît pas avoir commis, etc.*

Cet article et les suivants ne s'exécutent que dans le cas où, dans les vingt-quatre heures, les jurés n'auraient pu s'accorder pour émettre un vœu unanime.

398. Pour constater ces diverses déclarations, des boîtes blanches et des boîtes noires sont posées sur le bureau de la chambre du conseil.

Les boîtes blanches servent à constater les opinions favorables à l'accusé; les boîtes noires constatent les opinions qui lui sont contraires.

Il y a, pour le jugement de chaque affaire, autant de paires de boîtes que de questions à décider par les jurés, et sur chacune on inscrit l'affirmative ou la négative, suivant sa destination.

399. Après chacune de ses déclarations prononcées à haute voix, chaque juré choisit dans les mains du juge qui lui présente deux boules, l'une noire, l'autre blanche, celle propre à exprimer son opinion, et il la dépose ostensiblement dans la boîte de couleur correspondante.

400. Pour éviter toutes méprises, les boîtes sont construites de manière que la boule noire ne puisse pas entrer dans l'ouverture de la boule blanche.

401. Les douze jurés ayant achevé de donner leurs déclarations individuelles, ils rentrent tous dans la chambre du conseil.

402. Les boîtes sont ouvertes devant eux par le juge, le *commissaire du gouvernement* présent, et les déclarations partielles sont rassemblées pour former la déclaration général du jury.

403. La décision du jury se forme sur chaque question, en faveur de l'accusé, par le concours de trois boules, et contre lui par le concours de dix.

Cet article est abrogé par la loi du 19 fructidor an 5.

404. Pour cet effet, les boîtes étant ouvertes, les boules qu'elles renferment respectivement sont comptées dans

le même ordre qu'ont été posées les questions auxquelles elles correspondent.

405. En conséquence, on ouvre d'abord les boites qui ont servi à décider si le fait est constant ou non.

S'il s'y trouve trois boules blanches, il est décidé que le fait n'est pas constant, et la délibération est terminée.

Dans le cas contraire, on passe à l'ouverture des boites sur la question de savoir si l'accusé est auteur du fait déclaré constant.

Voyez à la note de l'art. 385, *les changements que la loi du* 19 *fructidor a faits à cet article.*

406. Les boules blanches qui, sur cette seconde question, se trouvent dans l'une des boites, s'additionnent avec les boules blanches qui peuvent avoir été données au-dessous du nombre trois, sur la première question. *Voyez la note à l'article* 385.

407. Si cette addition donne trois boules blanches, ou si trois boules blanches se trouvent réunies dans la boîte destinée à la seconde question, la délibération se termine là, et il est décidé que l'accusé n'est pas convaincu du fait porté dans l'acte d'accusation. *Voyez la note, à l'article* 385.

408. Si, au contraire, il ne se rencontre pas, soit de l'une, soit de l'autre manière, trois boules blanches sur la seconde question, le juge passe à l'ouverture des boîtes relatives à la moralité du fait. *Voyez la note, à l'article* 385.

409. Dans ce troisième recensement, les boules blanches, fournies sur les deux premières questions, s'additionnent encore avec celles qui se trouvent dans la boîte blanche. *Voyez la note, à l'article* 385.

410. Lorsqu'il a été posé plusieurs questions intentionnelles, si les trois premiers recensements réunis n'ont pas encore fourni trois boules blanches, on ouvre les boîtes sur la seconde question intentionnelle, et ainsi de suite, jusqu'à ce que le recensement des suffrages soit terminé, soit par l'ouverture de toutes les boîtes, soit par une somme de trois boules blanches, qui arrête et fixe la décision des jurés sur l'une des questions qui leur sont

présentées successivement. *Voyez la note, à l'article* 385.

412. La délibération étant terminée, le résultat en est rédigé par écrit, en autant d'articles séparés qu'il y a eu de questions décidées.

413. Tous les jurés alors rentrent dans l'auditoire et y reprènent leurs places.

Le président leur demande quel est le résultat de leur délibération sur chacune des questions qu'il leur a présentées.

Le chef des jurés se lève et dit : *Sur mon honneur et ma conscience, la déclaration du jury est que.....*

Il donne lecture de cette déclaration, telle qu'elle a été arrêtée dans la chambre des jurés.

Il la signe, et la remet au président, qui la signe également et la fait signer par le greffier.

414. En cas de contravention de la part des jurés à l'une des règles qui leur sont prescrites par les articles 385 et suivants, leur déclaration est nulle, et le tribunal criminel est tenu, à peine de nullité du jugement qui pourrait intervenir sur le fond, de la rejeter du procès, en leur ordonnant de se retirer sur-le-champ dans leur chambre pour en former une nouvelle.

415. La décision du jury ne peut jamais être soumise à l'appel.

Si néanmoins le tribunal est unanimement d'avis que les jurés, tout en observant les formes, se sont trompés au fond, il ordonne que les trois jurés adjoints se réuniront aux douze premiers pour donner une nouvelle déclaration aux quatre cinquièmes de voix.

416. Nul n'a le droit de provoquer cette nouvelle délibération ; le tribunal ne peut l'ordonner que d'office, et immédiatement après que la déclaration du jury a été prononcée à l'auditoire.

417. Il ne peut, à peine de nullité, y avoir lieu à une nouvelle délibération, dans le cas de l'article 415, que lorsque l'accusé a été convaincu, jamais lorsqu'il a été acquitté.

418. L'examen d'un procès une fois entamé ne peut être interrompu ni suspendu, et il doit être continué

jusqu'à la déclaration du jury inclusivement, sauf les intervalles nécessaires pour le repos des juges, des jurés et des témoins.

419. Néanmoins, lorsqu'un témoin, qui a été cité, ne comparaît pas, le tribunal peut, sur la réquisition de l'accusateur public, et avant que les débats soient ouverts par la déposition du premier témoin inscrit sur la liste mentionnée en l'art. 346, renvoyer l'affaire à la prochaine assemblée du jury de jugement.

423. Tous les accusés présents qui sont compris dans le même acte d'accusation, sont examinés par le même jury, et jugés sur la même déclaration.

Pour cet effet, le tribunal détermine celui qui doit être présenté le premier au débat, en commençant par le principal accusé, s'il y en a un.

Les autres co-accusés y sont présents, et peuvent faire leurs observations.

Il se fait ensuite un débat particulier pour chacun d'eux, sur les circonstances qui lui sont particulières.

TITRE IX.

Des contumaces.

Après l'expiration des délais fixés par la loi, le procès est continué contre les contumaces dans la forme prescrite pour les accusés présents, sauf les exceptions ci-après.

467. Aucun conseil ou fondé de pouvoir ne peut se présenter pour défendre l'accusé contumax, soit sur les faits, soit sur l'application de la loi, soit sur la forme de la procédure.

Seulement, s'il est dans l'impossibilité absolue de se rendre, il peut envoyer son excuse, et en faire plaider la légitimité par un fondé de pouvoir.

Ses parents et ses amis ont la même faculté, en justifiant de son absence hors du territoire continental de la république, en vertu de passeport régulier, avant les premières poursuites faites contre lui.

468. Si le tribunal trouve l'excuse légitime, il ordonne

qu'il sera sursis au jugement de l'accusé et au sequestre de ses biens, pendant un temps qu'il fixe, eu égard à la nature de l'excuse et à la distance des lieux.

469. Après la lecture de l'acte d'accusation, des ordonnances mentionnées dans les articles 462 et 464, et des procès-verbaux dressés pour en constater la proclamation et l'affiche, le président, après avoir entendu le *commissaire du gouvernement,* prend l'avis des juges sur la régularité ou l'irrégularité de l'instruction faite contre l'accusé.

470. Si l'instruction n'est pas conforme à la loi, le tribunal la déclare nulle, et ordonne qu'elle sera recommencée, à partir du plus ancien acte qui est jugé illégal.

471. Si l'instruction est régulière, le tribunal ordonne que les pièces et les déclarations écrites des témoins entendus devant l'officier de police judiciaire, devant le directeur du jury et devant le président du tribunal criminel, seront lues publiquement aux jurés.

Les témoins, dans ce cas, ne déposent point oralement.

474. En aucun cas, la contumace d'un accusé ne peut suspendre ni retarder l'instruction à l'égard de ses coaccusés présents.

476. Si l'accusé se constitue prisonnier, ou s'il est pris ou arrêté, le jugement rendu et les procédures faites contre lui depuis l'ordonnance de prise-de-corps, sont anéantis de plein droit, et il est procédé à son égard dans la forme ordinaire.

477. Néanmoins les dépositions écrites des témoins décédés pendant son absence, sont lues aux jurés, qui y ont tel égard que de raison; en observant toujours que les preuves écrites ne sont point la règle unique de leurs décisions, et qu'elles ne leur servent que de renseignements.

TITRE X.

Des listes des jurés d'accusation et de jugement.

483. La loi appèle aux fonctions de jurés tous les citoyens âgés de trente ans accomplis, qui réunissent les conditions requises pour être électeurs.

Cet art. est abrogé par la loi du 6 germinal an 8, laquelle porte :

Art. I. Lorsque les listes d'éligibles seront formées, les jurés d'accusation ne pourront être pris que dans les listes communales; et ceux de jugement, que dans les listes départementales.

II. En attendant la formation de ces listes, et à compter du premier messidor prochain, chaque juge-de-paix désignera, tous les trois mois, dans son arrondissement, un nombre de citoyens triple de celui que cet arrondissement doit fournir aux termes de l'article 487 du code des délits et des peines, du 3 brumaire an 4; il enverra cette liste de désignation au sous-préfet, qui, après l'avoir réduite aux deux tiers, la fera passer au préfet de département.

III. Le préfet, après avoir réduit à la moitié, par la voie du sort, et en présence du conseil de préfecture, chacune des listes envoyées par les sous-préfets, en composera une liste générale qu'il divisera en autant de listes partielles qu'il y aura de tribunaux d'arrondissement dans le département, en ne plaçant dans chacune d'elles que des citoyens de l'arrondissement. Il enverra au président du tribunal criminel la liste générale, qui servira pour le jury de jugement; et à chaque directeur du jury d'accusation, la liste partielle, dont ce directeur devra se servir dans le cours du trimestre.

IV. Pour la formation des listes de jurés spéciaux soit d'accusation, soit de jugement, chaque juge-de-paix désignera de même dans son arrondissement, chaque trois mois, à compter du premier floréal prochain, les dix-huit citoyens qu'il croira les plus propres à en remplir les fonctions, et enverra cette liste de désignation au sous-préfet, qui, après l'avoir réduite aux deux tiers, la fera passer au préfet.

V. Le préfet, après avoir réduit à la moitié chacune des listes envoyées par les sous-préfets, en formera une liste générale, qu'il divisera en listes partielles, qui seront envoyées, la première au président du tribunal criminel, et les secondes au directeur du jury d'accusation, le tout comme il est dit en l'article III.

484. Néanmoins, ces fonctions sont incompatibles avec celles de représentant du peuple, de membres du consulat, de ministres, de juges, d'accusateurs publics, d'officiers de police judiciaire, et de commissaires du gouvernement, soit près les administrations départementales et municipales, soit près les tribunaux.

Les septuagénaires peuvent s'en dispenser.

485. Tous les trois mois, chaque administration départementale forme, d'après ses connaissances personnelles, et les renseignements qu'elle se fait donner par les administrations municipales, une liste de citoyens domiciliés dans l'étendue du département, qu'elle juge propres à remplir les fonctions de jurés tant d'accusation que de jugement. *Voyez la note, à l'article* 483.

486. Elle divise cette liste en autant de parties qu'il y a de directeurs du jury dans le département *Voyez la note, à l'article* 483.

487. Elle y porte autant de citoyens de chaque arrondissement de jury d'accusation qu'il y existe de milliers d'habitants; en sorte que, jusqu'à 1500 habitants, elle nomme un juré; qu'elle en nomme deux depuis 1501 jusqu'à 2500, et ainsi de suite. *Voyez la note, à l'article* 483.

489. Le commissaire du gouvernement la fait imprimer, et l'envoie, tant à ceux dont les noms y sont inscrits, qu'aux directeurs du jury d'accusation, et au président du tribunal criminel du département, le tout au moins une décade avant le commencement du trimestre pour lequel elle doit servir.

Un arrêté du gouvernement, du 7 pluviose an 9, porte : art. premier. Les listes qui doivent être formées en exécution de la loi du 6 germinal an 8, le seront quinze jours avant l'ouverture du trimestre pour lequel elles doivent servir.

Art. II. En cas de retard dans l'envoi de ces listes aux tribunaux criminels, ils se serviront provisoirement de la dernière reçue, pour que le cours de la justice ne soit ni arrêté ni suspendu.

490. Le même citoyen peut être successivement placé sur les quatre listes qui se font pendant une année; mais, une fois qu'il a asssisté à un jury de jugement, il peut s'excuser d'y assister une seconde fois dans le cours de la même année, à moins qu'il n'habite la commune où siège le tribunal criminel.

TITRE XI.

De la manière de former et convoquer le jury d'accusation.

491. Le jury d'accusation s'assemble, chaque décadi, sur la convocation du directeur du jury.

492. Chaque décadi, le directeur du jury d'accusation, sur la partie de la liste mentionnée en l'article 486, qui comprend les citoyens domiciliés dans son arrondissement, fait tirer publiquement au sort, en présence du commissaire du gouvernement, établi près de lui, les huit citoyens qui devront, le decadi suivant, former le jury d'accusation.

La loi du 22 nivose an 4, porte, que dans les communes où il y a plusieurs directeurs du jury d'accusation, les tableaux du jury pourront être formés tous les jours, et que chaque jury pourra être assemblé quatre jours après la formation du tableau.

494. Lorsqu'il y a lieu d'assembler le jury d'accusation, ceux qui doivent le composer sont avertis, quatre jours d'avance, de se rendre au jour fixé, sous peine de trente livres d'amende, et d'être privés du droit d'éligibilité et de suffrage pendant deux ans, avec impression et affiche du jugement dans toutes les communes de l'arrondissement du directeur du jury, à leurs frais.

Cet article est rapporté par l'article premier de la loi du 24 ventose an 5. L'article 2 de la même loi porte qu'à l'avenir aucuns jugements rendus contre les jurés qui ne s'seraient pas rendus à leur poste, ne peuvent leur être opposés à l'effet de les priver de l'exercice de leurs droits politiques.

La loi du 10 germinal an 5 porte, art. premier : Tout juré d'accusation qui ne s'est pas rendu sur la sommation qui lui en a été faite, est condamné, sans appel, par le directeur du jury, à dix jours d'emprisonnement et à 25 francs d'amende, avec impression et affiche du jugement dans toutes les communes de l'arrondissement du directeur du jury, sauf l'exception portée en l'art. 499 ci-après.

495. Lorsque les citoyens, inscrits sur la liste, prévoient, pour l'un des jours d'assemblée du jury d'accusation, quelque obstacle qui pourrait les empêcher de s'y rendre, s'il arrivait qu'ils y fussent appelés par le sort, ils en donnent connaissance au directeur du jury, deux jours au moins avant celui de la formation du tableau des huit pour lequel ils désirent d'être excusés.

496. La valeur de cette excuse est jugée, dans les vingt-quatre heures, par le directeur du jury, le *commissaire du gouvernement* préalablement entendu.

497. Si l'excuse est jugée suffisante, le nom de celui qui l'a présentée est retiré pour cette fois de la liste.

Si elle est jugée non valable, son nom est soumis au sort comme les autres.

498. Si celui qui a présenté l'excuse est désigné par le sort pour être un des huit qui forment le tableau du jury d'accusation, il lui est signifié que son excuse a été jugée non valable, qu'il est sur le tableau des jurés, et qu'il ait à se rendre au jour fixé pour l'assemblée.

Copie de cette signification est laissée à sa personne; à défaut de signification à sa personne, elle est laissée à un officier ou agent municipal du lieu, ou son adjoint, qui est tenu de lui en donner connaissance.

499. Tout juré qui ne s'est pas rendu sur la sommation qui lui en a été faite, est condamné aux peines mentionnées dans l'art. 494.

Sont exceptés de la présente disposition ceux qui prouveraient qu'ils sont retenus pour cause de maladie grave ou force majeure. *Voyez la note, à l'art.* 494.

500. Dans tous les cas, s'il manque un ou plusieurs jurés au jour indiqué, le directeur du jury le fait rempla-

cer par un citoyen de la commune du lieu où le jury se trouve assemblé.

Ce citoyen est tiré au sort, en présence du *commissaire du gouvernement* et du public, sur la liste partielle formée en exécution de l'art. 486 ci-dessus, et subsidiairement parmi les citoyens du lieu, âgés de 30 ans accomplis.

501. Le directeur du jury est tenu de joindre à chaque déclaration du jury d'accusation qu'il envoie au tribunal criminel, une copie du tableau des citoyens qui l'ont rendue, à peine de suspension de ses fonctions et de privation de son traitement pendant six mois.

Cette peine est prononcée par le tribunal criminel, sur les conclusions du *commissaire du gouvernement.*

TITRE XII.

De la manière de former le jury de jugement.

502. Nul ne peut être juré de jugement dans la même affaire où il a été juré d'accusation.

503. Le premier de chaque mois, le président du tribunal criminel, en présence de deux officiers municipaux, qui promettent de garder le secret, présentent à l'accusateur public la liste qui lui a été adressée par le *commissaire du gouvernement* près l'administration du département. *Voyez la note, art.* 483.

L'accusateur public a la faculté d'en exclure un sur dix, sans donner de motifs.

Le reste des noms est mis dans un vase pour être tirés au sort, et former le tableau tant des douze jurés que des trois adjoints.

504. Le tableau des jurés de jugement, ainsi formé, est présenté à l'accusé, qui peut, dans les vingt-quatre heures, et sans donner de motifs, récuser ceux qui le composent : les jurés récusés sont remplacés par le sort.

505. Quand l'accusé a exercé vingt récusations, celles qu'il présente ensuite doivent être fondées sur des causes dont le tribunal juge la validité.

506. S'il y a plusieurs co accusés, ils peuvent se con-

certer pour exercer les vingt récusations que la loi leur accorde, sans en déclarer les motifs.

Ils peuvent aussi les exercer séparément.

507. Mais, dans l'un et l'autre cas, la faculté de récuser sans en déclarer les motifs, ne peut s'étendre au-delà du nombre de vingt jurés, quel que soit celui des accusés.

508. Si les accusés ne se concertent pas pour récuser, le sort règle entre eux le rang dans lequel se feront les récusations; et, dans ce cas, chacun d'eux récuse successivement un des jurés, jusqu'à ce que la faculté de récusation soit épuisée.

509. Les accusés peuvent se concerter pour récuser une partie des vingt jurés, sauf à exercer séparément le reste des récusations suivant le rang fixé entre eux par le sort.

510. Lorsque les citoyens inscrits sur une des listes servant à former le tableau des jurés de jugement, prévoient, pour le 15 du mois suivant, quelque obstacle qui pourrait les empêcher de se rendre à l'assemblée du jury, s'il arrivait qu'ils y fussent appelés par le sort, ils en donnent connaissance au président du tribunal criminel, deux jours au moins avant le premier du mois pendant lequel ils desirent d'être excusés.

511. La valeur de cette excuse est jugée dans les vingt-quatre heures par le tribunal criminel.

512. Si l'excuse est jugée suffisante, le nom de celui qui l'a présentée, est retirée pour cette fois de la liste.

Si elle est jugée non valable, son nom est soumis au sort comme les autres.

513. Si celui qui a présenté l'excuse est désigné par le sort pour être, soit l'un des douze qui forment le tableau du jury de jugement, soit l'un des trois jurés-adjoints, il lui est signifié que son excuse a été jugée non valable, qu'il est sur le tableau du jury, et qu'il ait à se rendre au jour fixé pour l'assemblée des jurés.

Copie de cette signification est laissée à sa personne, et, à défaut de signification à sa personne, elle est laissée à un officier ou agent municipal du lieu, ou son adjoint, qui est tenu de lui en donner connaissance.

Tout

514. Tout juré qui ne s'est pas rendu sur la sommation qui lui en a été faite, est condamné à cinquante livres d'amende, à la privation de son droit d'éligibilité et de suffrage pendant deux ans, et aux frais de l'impression et affiche du jugement dans toute l'étendue du département.

Sont exceptés de la présente disposition ceux qui prouveraient qu'ils ont été retenus par une maladie grave ou force majeure.

La première partie de cet article est rapportée par l'article premier de la loi du 24 ventose an 5; l'article 2 de la même loi, porte qu'aucuns jugements rendus contre les jurés qui ne se seraient pas rendus à leur poste, ne peuvent leur être opposés à l'effet de les priver de l'exercice de leurs droits politiques.

La loi du 10 germinal an 5, porte, article 2: Tout juré de jugement qui ne s'est pas rendu sur la sommation qui lui en a été faite, est condamné, par le tribunal criminel, à vingt jours d'emprisonnement, et à 50 francs d'amende, avec impression et affiche du jugement dans toute l'étendue du département, sauf l'exception portée en l'article ci-dessus.

515. Dans tous les cas, s'il manque un ou plusieurs jurés au jour indiqué, le président les fait remplacer par des citoyens de la commune où siège le tribunal, lesquels sont tirés au sort sur la liste partielle de l'arrondissement du jury d'accusation dont cette commune fait partie et subsidiairement parmi les citoyens du lieu ayant trente ans accomplis.

TITRE XIII.

Des jurés spéciaux.

516. Toute affaire dans laquelle, d'après la constitution et les articles 140, 141 et 142 ci-dessus, le directeur du jury exerce immédiatement les fonctions d'officier de police judiciaire, doit être soumise à des jurés spéciaux d'accusation et de jugement.

517. Il en est de même de toute affaire qui a pour objet un faux en écriture ou fabrication, une banqueroute frauduleuse, une concusion, un péculat, un vol de commis ou d'associés en matière de finance, commerce ou banque, une forfaiture, ou un écrit imprimé.

518. Pour former le jury spécial d'accusation, le commissaire du gouvernement près le directeur du jury choisit seize citoyens ayant les qualités et connaissances nécessaires pour prononcer sainement et avec impartialité sur le genre du délit.

Sur ces seize citoyens, il en est tiré au sort huit, de la manière réglée par l'article 492, lesquels composent le tableau du jury d'accusation. *Voyez à la note, art.* 483, *les changements apportés par la loi du* 6 *germinal an* 8, *au mode d'élection des jurés spéciaux.*

519. La liste destinée à former le jury spécial de jugement est dressée par le président de l'administration départementale; il choisit, à cet effet, trente citoyens ayant les qualités et connaissances ci-dessus désignées. *Voyez la note, art.* 483.

520. Sur ces trente citoyens, le président du tribunal criminel en fait tirer au sort quinze pour former un tableau de jurés et d'adjoints, lequel est présenté à l'accusé ou aux accusés, qui ont droit de récuser ceux qui le composent, au nombre et selon le mode réglés par les art. 504 et suivants.

521. Une première récusation peut être faite sur la liste entière, comme ayant été formée en haine de l'accusé; et, si le tribunal le juge ainsi, le vice-président de l'administration départementale forme une nouvelle liste, dans laquelle ne peuvent être portés ceux qui l'ont été sur la première. *Voyez la note, art* 483.

522. Tous les membres du jury spécial qui ont été récusés, sont remplacés par des citoyens tirés au sort, d'abord parmi les quinze autres choisis par le président du département, et subsidiairement parmi les citoyens tirés au sort dans la liste ordinaire des jurés.

523. L'accusateur public n'a aucune récusation à exercer sur les jurés spéciaux.

La loi du 6 germinal en 8 porte: L'article 523 du code des délits et des peines est rapporté.

Le commissaire du gouvernement faisant les fonctions d'accusateur public, a le droit d'exercer les récusations sur la liste des jurés spéciaux, comme sur celle des jurés ordinaires.

524. Les tableaux des jurys d'accusation et de juge-

ment peuvent être formés, et ces jurys peuvent s'assembler les jours que le directeur du jury et le président du tribunal criminel trouvent respectivement convenable de fixer pour chaque affaire.

525. Toute contravention aux dispositions du présent titre et des trois précédents, emporte nullité.

CODE PÉNAL.

Crimes des fonctionnaires publics dans l'exercice des pouvoirs qui leur sont confiés.

8. Tout fonctionnaire, tout citoyen placé sur la liste des jurés, qui sera convaincu d'avoir, moyennant argent, présent, ou promesse, trafiqué de son opinion ou de l'exercice du pouvoir qui lui est confié, sera puni de la peine de la dégradation civique.

9. Tout juré, après le serment prêté, tout juge criminel, tout officier de police en matière criminelle, qui sera convaincu d'avoir, moyennant argent, présent ou promesse, trafiqué de son opinion, sera puni de la peine de vingt années de gêne.

10. Les coupables mentionnés aux deux articles précédents, seront, en outre, condamnés à une amende égale à la valeur de la somme ou de l'objet qu'ils auront reçu.

FIN.

www.ingramcontent.com/pod-product-compliance
Ingram Content Group UK Ltd.
Pitfield, Milton Keynes, MK11 3LW, UK
UKHW022110260726
13993UKWH00001B/431

9 782329 441030